Deloitte.
デロイト トーマツ

税法解釈の作法

デロイト トーマツ税理士法人

税理士

稲見誠一

【監修】

公認会計士・米国公認会計士

梅本淳久

【著】

中央経済社

はじめに

　税法は，世間で，「一読して難解，二読して誤解，三読して混迷」といわれているように，各種の法令の中でも，最もむつかしいものの一つとなっている*——四読するのを諦め，解説書に頼りたくもなるところですが，租税法律主義のもとでは，条文と正面から向き合うことを避けて通ることはできないといえます。

　*泉美之松『所得税法・法人税法・相続税法　税法条文の読み方－条文解釈の手
　　引－〈平成版新訂〉』（東京教育情報センター，1994）の「はしがき」

　もし，税法条文の解釈力を高める方法があるとすれば，それは，〈1〉条文の「書き手」の約束ごとを知り，〈2〉条文の「読み手」が自らの読み方を客観視する視点を学び，〈3〉条文の「使い手」の思考を追体験することではないかと考えるに至りました。

　このような考えのもと，本書は，
　第1章　租税法における概念
　第2章　法令解釈の方法
　第3章　最高裁判決にみる税法解釈のあり方
　第4章　法令用語のルール
の4章構成となっています。

　第1章では，上記〈1〉～〈3〉の前段階として，税法上の概念をめぐる問題について，簡潔に解説しています。税法上の概念は，「借用概念」，「固有概念」，「その他の概念」に大きく分類できるほか，これらとは異なる視点から，「不確定概念」と呼ばれるものがあります。本章では，これらの「概念」の種類ごとに，具体例を挙げ，そのうち代表的なものについて，関連する租税判例の解説をしています。

これらの「概念」のうち，特に「借用概念」，「不確定概念」に分類される用語・概念の中には，様々な議論や多数の裁判例が存在するものもあります。実際にこの問題に直面された際には，本書を足掛かりとして，その用語・概念についての裁判例や論考などをリサーチされることをお勧めします。

第2章は，条文の「読み手」が自らの読み方を客観視できるよう，様々な法令解釈の方法を学ぶ章です。税法の世界では，「文理解釈」と「趣旨解釈」（目的論的解釈）が有名ですが，後者は，その手法によってさらに，「拡張解釈」，「縮小解釈」，「変更解釈」，「反対解釈」，「類推解釈」などに分けることができます。本章では，これらの方法を解説するとともに，それぞれの方法が採られたであろう租税判例などを紹介します。

税法は，租税法律主義のもと，みだりに拡張解釈や類推解釈を行うことは許されないとされています。本章では，自分の税法条文の読み方に対して，自ら「それは拡張解釈ではないか？」などと客観視できるようになることを目指します。

第3章は，条文の「使い手」の思考をたどる章です。最高裁の租税判例は，規定の文理を忠実に解釈したものと，規定の趣旨目的に照らして文理を解釈したものの双方があります。本章では，これらの判例について，まず，判断過程を概観し（鳥の目），次いで，少数意見，調査官解説，判例評釈などを参考に，判決文の行間を読み（虫の目），最高裁の税法解釈のプロセスを追体験します。

第4章は，条文の「書き手」の約束ごとを知る章です。この〝約束ごと〟には，様々なものがありますが，本章では，特に税法に関わりがあるものを解説しています。一度通読するもよし，辞書的に使うもよし。初学者レベルから解説していますが，中・上級者の皆さまにとっても，新たな発見があるかもしれません。

なお，**第1章**，**第2章**および**第4章**の各章においては，理論の説明のあとに，その実践例としての事例解説（租税判例など）を「1対1対応」で添えていま

す。そうすることで，インプットとアウトプットとが一体化された，実践的な内容となることを意図しています。

* * *

本書の意見にわたる部分は筆者の私見であり，所属する組織の公式見解ではないことを申し添えます。

最後になりましたが，本書の全般にわたり，稲見誠一税理士に監修していただきました。また，中央経済社実務書編集部の川上哲也氏には，企画から出版に至るまでご尽力いただき，大変お世話になりました。ここに記して，心よりお礼申し上げます。

2025年1月

公認会計士・
米国公認会計士　梅本　淳久

本書掲載の判決・裁決について

　本書における判決・裁決の解説の目的は，そこに表れる税法解釈の手法に焦点を当て，税法解釈のあり方を探ることにあります。

　上記の目的を考慮し，判決・裁決は，原則として，「法令解釈」部分のみを引用しているほか，その他の部分を引用しているものについても，解説は「法令解釈」部分を中心に行っています。

　本書は，個別事案の課税関係を検討する目的において参照されることを意図して作成されたものではないことにご注意ください。

目　次

はじめに　3
凡　例　10

第1章　租税法における概念

第1節　総　論 —————————————————— 12

第2節　借用概念 —————————————————— 13

第3節　固有概念 —————————————————— 19

第4節　その他の概念 —————————————— 22

第5節　不確定概念 —————————————————— 25

第2章 法令解釈の方法

第1節 総　論 ——————————————————— 32

第2節 文理解釈 ——————————————————— 38

第3節 拡張解釈 ——————————————————— 42

第4節 縮小解釈 ——————————————————— 47

第5節 変更解釈 ——————————————————— 52

第6節 反対解釈 ——————————————————— 58

第7節 類推解釈 ——————————————————— 61

第8節 税法解釈のあり方 ————————————— 65

第9節 疑わしきは納税者の利益に ——————— 68

第3章 最高裁判決にみる税法解釈のあり方

第1節 住所国外移転事件
——規定の文理を忠実に解釈したもの —— 72

第2節 ホステス報酬計算期間事件
——規定の文理を忠実に解釈したもの —— 86

第3節 自動車用燃料事件
——規定の趣旨目的に照らして文理を解釈したもの —— 96

第4節 養老保険事件
——規定の趣旨目的に照らして文理を解釈したもの —— 105

第5節 地域統括業務適用除外事件
——調査官解説において租税法の解釈についての
最高裁の立場が示されているもの —— 123

第4章 法令用語のルール

第1節 「及び」「並びに」「又は」「若しくは」
「たすき掛け」 —— 152

第2節 「推定する」「みなす」 —— 182

**第3節 「前項の場合において」「前項に規定する場合に
おいて」「前項の〇〇」「前項に規定する〇〇」** —— 186

| 第4節 | 「その他」「その他の」 | —————— 193 |

| 第5節 | 「係る」「当該」「場合」「とき」「時」 | —————— 202 |

巻末資料1　最判平成23年2月18日集民236号71頁における
　　　　　須藤正彦裁判官の補足意見　210

巻末資料2　最判平成24年1月13日民集66巻1号1頁における
　　　　　須藤正彦裁判官の補足意見　216

巻末資料3　福岡高判平成25年5月30日税資263号順号12223における
　　　　　「正当な理由」（加算税の免除要件）をめぐる判断　219

凡　例

■　法令等は，特に断りのない限り，令和6年4月1日現在の法令等に基づいて
います。

　ただし，判決・裁決（その解説を含みます）については，当時の法令等に基
づいており，その法令等が変更となっているものがあります。

■　判決文，条文，文献などの引用について
(1)　判決の「原告」，「被告」などの文言については，「甲社」，「国側」などの
　　当事者名に置き換えています。
(2)　引用した判決・文献の〔　　〕内および下線は，引用者によります（下線
　　については，原文どおりの場合があります）。
(3)　第3章掲載の判決文については，解説の便宜上，原則として一文ごとに改
　　行し，行頭に通し番号（①，②，③，…）をふっています。
(4)　文献などについては，各章の末尾に正式名称および略称を記載しています。

第 **1** 章

租税法における概念

第1節　総　論
第2節　借用概念
第3節　固有概念
第4節　その他の概念
第5節　不確定概念

第1節 総　論

租税法が用いている概念には，大きく分けて，

- 「借用概念」
- 「固有概念」
- 「その他の概念」

の3つがあります。

これらの意味内容や具体例は，**図表1－1－1**のとおりです（金子［2021］126～127頁）。

図表1－1－1　租税法が用いている概念

	意味内容	具体例
借用概念	他の法分野で用いられている概念 （他の法分野から借用している概念）	「配当」「相続」
固有概念	他の法分野では用いられておらず，租税法が独自に用いている概念	「所得」「移出」
その他の概念	上記2種類の概念以外の概念	「自動車」「事業」

なお，これらの分類とは異なる視点から，「不確定概念」と呼ばれるものがあります（本章**第5節**参照）。

第2節 借用概念

1．借用概念とは？

(1) 解　説

　課税の対象となる所得や商品の販売などは，国民の経済活動によって生ずるものであるため，税法は，経済活動を規律する民法，商法，会社法などの私法とも密接な関連があります（税務大学校［2024］）。

　そのため，税法は，私法上の用語・概念を用いて規定される場合が多くあります。このように，税法が税法以外の法領域で用いられている用語・概念をそのまま用いている（借用している）場合，これを「借用概念」といいます（金子ほか［2016］55頁）。

　借用概念については，
① 借用元（民法，会社法など）と同じ意義に解釈するのが，法的安定性の見地からは好ましいが，
② 別意に解すべきことが税法の明文またはその趣旨から明らかな場合は，この限りでない

といわれています（金子［2021］127頁）。

> **金子［2021］127頁**
> 　借用概念について問題となるのは，それを他の法分野で用いられているのと同じ意義に解すべきか，それとも徴収確保ないし公平負担の観点から異なる意義に解すべきかの問題である。…わが国では，この点について見解が対立している（統一説・独立説・目的適合説の3つの見解がある）が，借用概念は他の法分野

におけると同じ意義に解釈するのが，租税法律主義＝法的安定性の要請に合致している。すなわち，私法との関連で見ると，納税義務は，各種の経済活動ないし経済現象から生じてくるのであるが，それらの活動ないし現象は，第一次的には私法によって規律されているから，租税法がそれらを課税要件規定の中にとりこむにあたって，私法上におけると同じ概念を用いている場合には，別意に解すべきことが租税法規の明文またはその趣旨から明らかな場合は別として，それを私法上におけると同じ意義に解するのが，法的安定性の見地からは好ましい。その意味で，借用概念は，原則として，本来の法分野におけると同じ意義に解釈すべきであろう…。

(2) 具体例

　判例も，借用概念について，借用元と同じ意義に解する立場を採っています。代表的なものとして，次のものがあります（金子［2021］128頁，増井［2023］51頁）。

- 「利益配当」（最判昭和35年10月7日民集14巻12号2420頁）
- 「匿名組合契約およびこれに準ずる契約」（最判昭和36年10月27日民集15巻9号2357頁）
- 「親族」（最判平成3年10月17日集民163号381頁）
- 「配偶者」（最判平成9年9月9日月報44巻6号1009頁）
- 「住所」（最判平成23年2月18日集民236号71頁，**第3章第1節**参照）

　ただし，例外的に，借用概念について，借用元と異なる意義に解した判例もあります。

　具体的には，「贈与」（所得税法60条1項1号）は，民法第3編第2章第2節の「贈与」と異なり，贈与者に経済的な利益を生じさせる負担付贈与は含まないとした判例があります（最判昭和63年7月19日集民154号443頁，増井［2023］51頁）。

2．裁判例

最判平成23年 2 月18日集民236号71頁

　法 1 条の 2 によれば，贈与により取得した財産が国外にあるものである場合には，受贈者が当該贈与を受けた時において国内に住所を有することが，当該贈与についての贈与税の課税要件とされている（同条 1 号）ところ，ここにいう住所とは，反対の解釈をすべき特段の事由はない以上，生活の本拠，すなわち，その者の生活に最も関係の深い一般的生活，全生活の中心を指すものであり，一定の場所がある者の住所であるか否かは，客観的に生活の本拠たる実体を具備しているか否かにより決すべきものと解するのが相当である···。

（略）

　原審は，甲が贈与税回避を可能にする状況を整えるために香港に出国するものであることを認識し，本件期間を通じて国内での滞在日数が多くなりすぎないよう滞在日数を調整していたことをもって，住所の判断に当たって香港と国内における各滞在日数の多寡を主要な要素として考慮することを否定する理由として説示するが，前記のとおり，一定の場所が住所に当たるか否かは，客観的に生活の本拠たる実体を具備しているか否かによって決すべきものであり，主観的に贈与税回避の目的があったとしても，客観的な生活の実体が消滅するものではないから，上記の目的の下に各滞在日数を調整していたことをもって，現に香港での滞在日数が本件期間中の約 3 分の 2 （国内での滞在日数の約2.5倍）に及んでいる甲について前記事実関係等の下で本件香港居宅に生活の本拠たる実体があることを否定する理由とすることはできない。

　このことは，法が民法上の概念である「住所」を用いて課税要件を定めているため，本件の争点が上記「住所」概念の解釈適用の問題となることから導かれる帰結であるといわざるを得ず，他方，贈与税回避を可能にする状況を整えるためにあえて国外に長期の滞在をするという行為が課税実務上想定されていなかった事態であり，このような方法による贈与税回避を容認することが適当でないというのであれば，法の解釈では限界があるので，そのような事態に対応できるような立法によって対処すべきものである。

　そして，この点については，現に平成12年法律第13号によって所要の立法的措置が講じられているところである。

解 説

　当時の相続税法のもとでは，以下の①と②を組み合わせた上で親子間の贈与契約がなされれば，親子間の無償かつ無税での財産の支配の移転が実現でき，現に，本件では，そのようなスキームが実行されました（**巻末資料1**参照）。

　①　贈与財産を国外財産に転化すること

　②　受贈者（本件では，子である甲）の住所を国外とさせること

　甲は，約3年半にわたる赴任期間中の約3分の2の日数を香港の居宅に滞在して過ごしていましたが，それは，贈与税回避の目的のもとに，国内での滞在日数が多くなりすぎないよう調整した結果でした。

　このような事実関係のもと，甲が，贈与を受けた時において，贈与税の課税要件である国内における住所を有していたといえるかが争われました。

　この点，本判決は，要旨次のとおり述べて，甲は贈与税の納税義務を負うものではないと判断しました（国側敗訴）。

　①　一定の場所が「住所」に当たるか否かは，客観的に生活の本拠たる実体を具備しているか否かによって決すべきである。主観的に贈与税回避の目的があったとしても，客観的な生活の実体が消滅するものではない。

　②　このことは，相続税法が民法上の「住所」の概念を用いて課税要件を定めているため，本件の争点が上記「住所」の解釈適用の問題となることから導かれる帰結である。

参照

　本判決の詳細については，**第3章第1節**参照

第1章　租税法における概念　　17

> **最判昭和63年7月19日集民154号443頁**
> 　甲らに訴外乙の合計2600万円の債務の履行を引き受けさせた本件土地所有権（共有持分）移転契約は負担付贈与契約に当たるところ，所得税法60条1項1号にいう「贈与」には贈与者に経済的な利益を生じさせる負担付贈与を含まないと解するのを相当とし，かつ，右土地所有権（共有持分）移転契約は同項2号の譲渡に当たらないから，甲らの昭和52年分の譲渡所得については，同項が適用されず，結局，租税特別措置法（昭和55年法律第9号による改正前のもの）32条所定の短期譲渡所得の課税の特例が適用されるとして，本件更正処分及び過少申告加算税の賦課決定処分に違法はないとした原審の認定判断は，原判決挙示の証拠関係及び説示に照らし，正当として是認することができる。原判決に所論の違法はなく，右違法のあることを前提とする所論違憲の主張も失当である。論旨は，ひっきよう，独自の見解に立つて原判決を非難するものにすぎず，採用することができない。

解　説

⑴　所得税法60条1項1号の「贈与」

　所得税法60条1項は，居住者が贈与によって取得した資産を譲渡した場合における譲渡所得の金額の計算については，受贈者が引き続きその資産を所有していたものとみなし，取得価額，取得時期の引継ぎによる課税の繰延べを定めています。

　甲らは，乙から，負担付贈与により土地の共有権を取得し，後に，これを他に譲渡（売買）しました。本件では，甲らの譲渡所得の計算につき，次のいずれとなるかが問題となりました（判タ［1988］73頁）。

①　所得税法60条1項の適用がある（すなわち，甲らは，本件土地を乙の取得時から所有していたとみなされる）。
　➡　長期譲渡所得の課税の特例が適用される。
②　所得税法60条1項の適用はない。
　➡　短期譲渡所得の課税の特例が適用される。

　本判決は，所得税法60条1項1号の「贈与」には，贈与者に経済的な利益を生じさせる負担付贈与は含まれず，上記②のとおりとなると判断しました。

(2) 民法第3編第2章第2節の「贈与」との関係

上記(1)の判断は，所得税法60条1項1号にいう「贈与」と，民法第3編第2章第2節の「贈与」とは異なるとするものです。

その根拠については，次のような指摘がされています（判タ［1988］74頁）。

① 民法の規定

民法上，広義の「贈与」（第3編第2章第2節）が負担付贈与を含むことは否定できない。

しかし，狭義の「贈与」（549条）は，負担付贈与（553条）とは別個に規定され，しかも負担付贈与については，狭義の「贈与」と異なり，担保責任，同時履行の抗弁権，危険負担などの規定が適用される。

そうすると，広義の「贈与」と狭義の「贈与」を明確に区別することは十分可能であり，「贈与」が常に負担付贈与を含むと解さなければならない必然性はない。

② 所得税法の規定

所得税法60条1項は，1号において「贈与」を規定し，これに次いで2号において「低額譲渡」を規定している。

このことに鑑みると，1号の「贈与」は，単純な贈与および贈与者に経済的利益を生じさせない負担付贈与をいうと解すべきである。

そうすると，所得税法60条1項1号にいう「贈与」に負担付贈与が含まれないことは，いわば論理の必然である。

> **+α　乙に対する課税処分とその取消訴訟**
>
> 乙に対しても，負担付贈与における負担の限度で経済的利益を取得し，譲渡所得が発生しているとして，課税処分が行われました。乙が提起した課税処分取消訴訟は，本判決と同時に棄却されています（最判昭和63年7月19日税資165号340頁，判タ［1988］74頁）。
>
>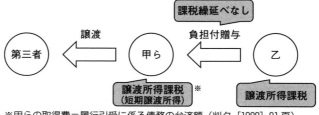
>
> ※甲らの取得費＝履行引受に係る債務の弁済額（判タ［1988］81頁）

第3節 固有概念

1．固有概念とは？

(1) 解　説

　社会生活上・経済生活上の事実が，他の法分野の規定に通ずることなく，直接に税法の中に取り込まれている場合があります。このように，税法が，他の法分野では用いられていない概念を独自に用いている場合に，これを「固有概念」といいます（金子ほか［2016］56～57頁，金子［2021］126頁）。

(2) 具体例

　固有概念の代表的な例としては，「所得」があります。
　「所得」の解釈には，**図表１－３－１**のとおり，異なる見解がありますが，通説・判例は，次のことを理由として，第二の見解を採っています（金子ほか［2016］57頁）。
　①　所得税や法人税が，もともと所得を個人や法人の総合的担税力の標識として捉えていること
　②　不法な利得や無効な利得も人の担税力を増加させること

図表1-3-1 「所得」の解釈

	「所得」の解釈	注　釈
第一の見解	私法上有効な利得のみが課税の対象となる利得であり，横領による利得のように無効な利得は所得ではない。	固有概念の解釈につき，法的評価を重視しようとする考え方である。
第二の見解	所得とは，もともと経済上の利得のことである。ある利得が所得であるかどうかは，その利得の原因行為や事実の法的評価を離れて，実現した経済的結果に即して判断すべきである。	この見解によると，不法な利得や無効な利得であっても，それが利得者の支配・管理の下に入っている限りは，所得として課税の対象となる。

2．裁判例

最判昭和46年11月9日民集25巻8号1120頁

　利息制限法による制限超過の利息・損害金の支払がなされても，その支払は弁済の効力を生ぜず，制限超過部分は，民法491条により残存元本に充当されるものと解すべきことは，当裁判所の判例とするところであつて（昭和35年（オ）第1151号同39年11月18日大法廷判決，民集18巻9号1868頁），これによると，約定の利息・損害金の支払がなされても，制限超過部分に関するかぎり，法律上は元本の回収にほかならず，したがつて，所得を構成しないもののように見える。

　しかし，課税の対象となるべき所得を構成するか否かは，必ずしも，その法律的性質いかんによつて決せられるものではない。当事者間において約定の利息・損害金として授受され，貸主において当該制限超過部分が元本に充当されたものとして処理することなく，依然として従前どおりの元本が残存するものとして取り扱つている以上，制限超過部分をも含めて，現実に収受された約定の利息・損害金の全部が貸主の所得として課税の対象となるものというべきである。もつとも，借主が約定の利息・損害金の支払を継続し，その制限超過部分を元本に充当することにより，計算上元本が完済となつたときは，その後に支払われた金員につき，借主が民法に従い不当利得の返還を請求しうることは，当裁判所の判例とするところであつて（昭和41年（オ）第1281号同43年11月13日大法廷判決，民集22巻12号2526頁），これによると，貸主は，いつたん制限超過の利息・損害金を収受しても，法律上これを自己に保有しえないことがありうるが，そのことの故

をもつて，現実に収受された超過部分が課税の対象となりえないものと解することはできない。

解　説

　本件では，利息制限法による制限超過の利息は残存元本に充当するという民事判例との関係で，制限超過利息を受け取っても元本の回収にすぎない（よって所得を構成しない）のではないかということが問題となりました。この点について，本判決は，「貸主において…制限超過部分が元本に充当されたものとして処理することなく，…元本が残存するものとして取り扱つている以上，制限超過部分をも含めて，現実に収受された約定の利息・損害金の全部が貸主の所得として課税の対象となる」と判断しました（増井［2023］125頁）。

| 第4節 | その他の概念 |

1．「その他の概念」とは？

　税法には，借用概念でも固有概念でもない概念が多数用いられています。これらの概念は，一括して，「その他の概念」と呼ばれることがあります（金子［2021］127頁）。

　平成14年の東京高裁判決は，法文上明確な定義がなく，借用概念ともいえない用語について，「特段の事情がない限り，言葉の通常の用法に従って解釈されるべきである」と判示しています。

> **東京高判平成14年 2 月28日税資252号順号9080**
> 　税法中に用いられた用語が法文上明確に定義されておらず，他の特定の法律からの借用概念であるともいえない場合には，その用語は，特段の事情がない限り，言葉の通常の用法に従って解釈されるべきである。なぜなら，言葉の通常の用法に反する解釈は，納税者が税法の適用の有無を判断して，正確な税務申告をすることを困難にさせる。そして，さらには，納税者に誤った税務申告をさせることになり，その結果，過少申告加算税を課せられるなどの不利益を納税者に課すことになるからである。

2．裁判例

> **長崎地判平成28年 5 月10日税資266号順号12852**
> 　憲法84条は「あらたに租税を課し，又は現行の租税を変更するには，法律又は

第1章　租税法における概念　23

法律の定める条件によることを必要とする。」として，いわゆる租税法律主義を定め，国民の経済生活に法的安定性と予測可能性を与えることとしている。その趣旨からすれば，納税義務者及び課税標準等の課税要件や租税の徴収手続は法律によって定められていなければならず，また，上記課税要件については，その内容が多義的でなく明確かつ一義的に定まっていることが望ましい。しかし，租税が対象とする納税者の社会生活上の事象は多種多様であり，特に納税者の自由な経済活動により多様な形態の事業，取引等がなされることに鑑みると，それら全てを法律により一義的に規定し尽くすことは不可能であって，その内容の明確性には自ずと限界がある。したがって，租税法規の用語の解釈は，原則として，定義規定がある場合にはこれにより，そうでない場合には日本語の通常の用語例によって文理解釈して規定の意味内容を明確にすべきであるが，それができない場合には，当該規定の趣旨・目的，定め方，経緯，税負担の公平性及び相当性等を総合考慮して，その意味内容を合理的に解釈する必要がある。

解　説

　本件では，原告企業の事業（金融業）が，「中小企業者等が機械等を取得した場合の法人税額の特別控除」の適用対象である「サービス業」（指定事業）に当たるか否かが争点となりました。
　この判断をするに当たり，「サービス業」の解釈が問題となるところ，本判決は，税法の用語の解釈については次の手順を踏む必要があるとしました。
　①　定義規定がある場合には，これによる。
　②　定義規定がない場合には，日本語の通常の用語例により文理解釈して規定の意味内容を明確にする。
　③　上記②ができない場合には，当該規定の趣旨・目的，定め方，経緯，税負担の公平性および相当性等を総合考慮して，その意味内容を合理的に解釈する。
　本判決は，上記手順に従って，「サービス業」の解釈を導き出しています。そのポイントを示すと，次のとおりです。
　①　「サービス業」を定義する規定は見当たらない。
　②　辞書や辞典における「サービス業」の用法は相当包括的であり，また，

サービス業に含まれるとされる事業は統一されておらず，日本語の通常の用語例として「サービス業」の外縁は明確でない。指定事業を定める本件条項（措置法施行規則）について，辞書や辞典に挙げられた用語例のみから文理解釈して，規定の意味内容を明確にし，本件規定（措置法）の趣旨目的からの要請や本件条項の制定構造に整合するように解釈することはできない。

③　本件規定は，中小企業の設備投資促進という目的から政策的に一定の事業者にのみ法人税の特別控除を認めるもので，適用対象となる指定事業が明確で，また，租税負担の公平に配慮する必要がある。措置法施行令および本件条項は，本件規定と併せて制定され，その定め方は，本件規定の適用対象となる指定事業を個別に列挙するもので，適用対象を明確にし，公平性に配慮したものである。

租税特別措置法関係通達42の12－5《事業の判定》は，本件規定の指定事業の範囲判定の基準として日本標準産業分類を挙げているところ，同分類は，事業所において社会的な分業として行われる財・サービスの生産・提供に係るすべての経済活動を分類するもので，他にこれに代わり得る普遍的で合理的な産業の分類基準は見当たらないから，指定事業の範囲の判定に当たり，同分類によることの合理性は否定できない。

同分類は，広く利用され，一般に公開されているものであり，この分類に従えば，本件規定等において，指定事業とされた事業の範囲が明確で互いに重複ないし包摂しないことになるから，本件規定の趣旨目的，本件規定等の定め方と整合し，さらに，税負担の公平性，相当性を考慮すると，同分類の分類に従って本件条項の意味内容を解釈するのが相当である。

④　日本標準産業分類では，「大分類－サービス業」とは別個の大分類として「金融・保険業」を分類しているから，原告企業の事業（金融業）は，日本標準産業分類上の大分類「サービス業」に当たらない。したがって，同分類と「事業」の意義を同じくする本件条項の「サービス業」にも該当しない。

第1章　租税法における概念　　25

第5節　不確定概念

1．不確定概念とは？

(1)　解　説

　課税要件明確主義の見地からは，「不確定概念」（抽象的・多義的概念）を用いることには十分慎重でなければならないといわれています。

　他方で，法の執行に際して具体的事情を考慮し，税負担の公平を図るためには，不確定概念を用いることは，ある程度は不可避であり，また必要でもあるともいわれています。

　ところで，「不確定概念」には，**図表1－5－1**のとおり，2種類のものがあります。

　このうち，第二の不確定概念については，その必要性と合理性が認められる限り，課税要件明確主義に反するものではないとされ，現に，税法には，不確定概念をもって課税要件その他の法律要件が定められているものがあります（金子［2021］84～85頁）。

> **用語解説** **課税要件明確主義**
>
> 「課税要件明確主義」とは，租税法律主義の内容の一つで，法律またはその委任を受けた政令・省令において課税要件などの定めをなす場合に，その定めはなるべく一義的で明確でなければならないという原則です。
>
> この原則が要請されるのは，みだりに不明確な定めをなすと，行政庁に一般的・白紙的委任をするのと同じ結果になりかねず，また，納税者の経済活動における法的安定性と予測可能性を害することになりかねないからです（金子［2021］80頁，84頁）。

図表1-5-1 2種類の不確定概念

	内　容	注　釈
第一の不確定概念	例えば，「公益上必要のあるとき」とか「景気対策上必要があるとき」というように，その内容があまりに一般的・不明確であるため，解釈によってその意義を明確にすることが困難で，公権力の恣意や濫用を招くおそれのあるもの	税法が，このような不確定概念を用いた場合，その規定は課税要件明確主義に反して無効である。
第二の不確定概念	中間目的・経験概念を内容とする不確定概念で，一見不明確に見えても，法の趣旨・目的に照らしてその意義を明確になし得るもの	ある具体的な場合がそれに該当するかどうかの問題は，法の解釈の問題であり，当然に裁判所の審査に服する問題である。

(2)　具体例

税法における不確定概念の例として，次のものがあります（金子［2021］84～85頁）。

- 「正当な理由」（国税通則法65条5項，同66条1項，同67条1項）
- 「必要があるとき」（国税通則法74条の2第1項ほか）
- 「不適当であると認められる」（所得税法18条1項）
- 「不相当に高額」（法人税法34条2項，同36条）
- 「相当の理由」（所得税法145条2号，同150条1項3号，法人税法123条2号，同127条1項3号）

第1章　租税法における概念　　27

- 「不当に減少させる」（所得税法157条1項・4項，同168条の2，法人税法64条の5第8項，同64条の9第3項3号ニ，同132条1項，同132条の2，同132条の3，同147条の2）

　このうち，「正当な理由」（過少申告加算税の免除要件）について最高裁が判断したものとしては，**図表1－5－2**のものがあります（小林［2015］12～13頁）。

図表1－5－2　「正当な理由」に関する最高裁判決

認めたもの	認めなかったもの
・過少申告に税務職員が加担していた事案（最判平成18年4月25日民集60巻4号1728頁） ・課税庁が課税に係る取扱いを変更したという事案（最判平成18年10月24日民集60巻8号3128頁）	・形の上では国税局職員の編集した解説書の内容に沿った申告であるが同解説書で挙げられた例と異なる不自然な取引がされた事案（最判平成16年7月20日集民214号1071頁） ・低額の申告で済むという税理士の言動を信じ，自らは調査確認を十分行わなかった事案（最判平成18年4月20日民集60巻4号1611頁）

2．裁判例

福岡高判平成25年5月30日税資263号順号12223

1　過少申告加算税は，過少申告による納税義務違反の事実があれば，原則としてその違反者に対し課されるものであり，これによって，当初から適法に申告して納税した納税者との間の客観的不公平の実質的な是正を図るとともに，過少申告による納税義務違反の発生を防止し，適正な申告納税の実現を図り，もって納税の実を挙げようとする行政上の措置である。この趣旨に照らせば，過少申告があっても，例外的に過少申告加算税が課されない場合として国税通則法65条4項が定めている「正当な理由があると認められる」場合とは，真に納税者の責めに帰することのできない客観的な事情があり，上記のような過少申告加算税の趣旨に照らしてもなお納税者に過少申告加算税を賦課することが不当又は酷になる場合をいうものと解するのが相当である（最高裁判所平成18年10月24日第三小法廷判決・民集60巻8号3128頁）。

2(1) （略）

(2) 所得税法，同法施行令，通達の文言解釈との関係等

甲らは，前記…のとおり主張する。

しかしながら，本件上告審判決の判断は，一時所得に係る収入を得た個人の担税力に応じた課税を図るという所得税法34条２項の趣旨からすると，当然の帰結であるといえる。所得税法施行令183条２項２号や所得税基本通達34－４がその規定振りのために，いささかわかりにくい面があり，本件養老保険契約における満期保険金等の課税処理について解釈が分かれていたものである。そして，もとより，政令は法律よりも下位規範であるから，政令が法律の解釈を決定付けるものではなく，いわんや通達が法律の解釈を決定付けるものでもない。そして，そもそも，上記施行令も，上記通達も，いずれも所得税法34条２項と整合的に解されるべきであり，またそのように解し得たものである。

これに対して，本件申告処理は，法人損金処理保険料につき，本件会社の法人税額算出及び甲らの所得税額算出に当たって，二重に控除して非課税とするという点において不合理な申告である。

したがって，甲らの主張は採用できない。

(3)～(9) （略）

(10) まとめ

上記の説示に加え，甲らは，申告前に，本件申告処理が妥当であるかどうかについて，税務当局に問い合わせをすることもなく，課税額が少額となる本件申告処理を採用して申告したものである（…）。

かような事実関係の下においては，真に納税者の責めに帰することのできない客観的な事情があり，過少申告加算税の趣旨に照らしてもなお納税者に過少申告加算税を賦課することが不当又は酷になるものとまでは認めることができず，「正当な理由があると認められる」場合に該当するとはいえない。

解 説

本件において，甲らは，その経営する法人が契約者となって保険料を支払った養老保険契約に基づき，満期保険金を受け取りました（なお，死亡保険金の受取人は，法人とされていました）。甲らは，満期保険金に係る一時所得の金額の計算上，法人の支払った保険料の金額のうち，甲らに対する貸付金として経

理処理された部分以外の部分（法人損金処理保険料）も「その収入を得るために支出した金額」（所得税法34条2項）に当たるとし，これを控除しました。これに対して，課税庁は，法人損金処理保険料は，「その収入を得るために支出した金額」に当たらないとして，甲らに対し，所得税の更正処分を行うとともに，過少申告加算税の賦課決定処分を行いました[注]。

本件は，上告審が，所得税の更正処分を適法とした上で，「正当な理由があると認められる」場合，すなわち，過少申告加算税の課されない場合に当たるか否かについての審理を，原審に差し戻したものです。

本件では，当時の関係法令等（所得税法施行令183条2項2号，所得税基本通達34-4）が，その規定振りのためにわかりにくい面があり，養老保険契約における満期保険金の課税処理について解釈が分かれていたという事情がありました。

この点について，本判決は，次のとおり述べ，上記の点をもって，「正当な理由があると認められる」場合に当たるとはいえないと判断しました。

① 上告審判決の判断は，一時所得に係る収入を得た個人の担税力に応じた課税を図るという所得税法34条2項の趣旨からすると，当然の帰結である。

② もとより，政令は法律よりも下位規範であるから，政令が法律の解釈を決定付けるものではなく，いわんや通達が法律の解釈を決定付けるものでもない。そして，そもそも，所得税法施行令183条2項2号も，所得税基本通達34-4も，いずれも所得税法34条2項と整合的に解されるべきであり，またそのように解し得たものである。

③ これに対して，甲らの申告処理は，法人損金処理保険料につき，本件会社の法人税額算出および甲らの所得税額算出に当たって，二重に控除して非課税とするという点において不合理な申告である。

[注] 法人損金処理保険料は，給与課税されておらず，従業員の福利厚生として享受したものではありません。なお，甲らに対する貸付金として処理された部分は，「その収入を得るために支出した金額」に該当します。

参照

上告審の詳細については，**第3章第4節**参照

本判決の全文は，**巻末資料3**参照

■参考文献等

判タ [1988]：判例タイムズ678号73頁（1988）

小林 [2015]：小林宏司「判解」最高裁判所判例解説民事篇平成24年度（上）1頁（2015）

金子ほか [2016]：金子宏＝清永敬次＝宮谷俊胤＝畠山武道『税法入門〈第7版〉』（有斐閣，2016）

金子 [2021]：金子宏『租税法〈第24版〉』（弘文堂，2021）

増井 [2023]：増井良啓『租税法入門〈第3版〉』（有斐閣，2023）

税務大学校 [2024]：税務大学校講本「税法入門〈令和6年度版〉」（税務大学校，2024）

第 **2** 章

法令解釈の方法

第 1 節　総　論
第 2 節　文理解釈
第 3 節　拡張解釈
第 4 節　縮小解釈
第 5 節　変更解釈
第 6 節　反対解釈
第 7 節　類推解釈
第 8 節　税法解釈のあり方
第 9 節　疑わしきは納税者の利益に

第1節 総論

1. 法令解釈の方法

法令の解釈は，まず，

- 「法規的解釈」
- 「学理的解釈」

の2つに大別されます。
「学理的解釈」は，さらに，

- 「文理解釈」
- 「目的論的解釈」（論理解釈，条理解釈）

に分けられます。
「目的論的解釈」は，その手法によってさらに，

- 「拡張解釈」
- 「縮小解釈」
- 「変更解釈」
- 「反対解釈」
- 「類推解釈」

に分けられます。
　このうち，「類推解釈」の一種として，「もちろん解釈」があります。
　以上を図解すると，**図表2－1－1**のとおりです（吉田［2017］32～34頁，田

島［2008］192頁，荒井［1975］45～46頁，林［1975］70～71頁）。

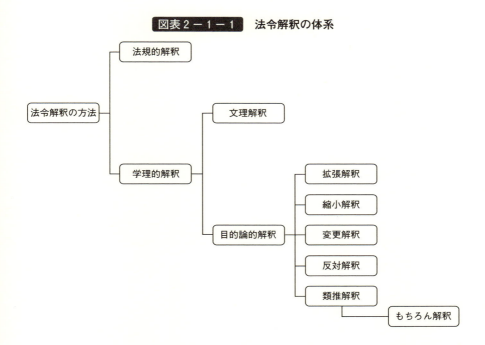

図表2－1－1　法令解釈の体系

　なお，税法の世界で「趣旨解釈」と呼ばれているものは，「目的論的解釈」に相当するものです（木山［2020］147～148頁，酒井［2013］18頁）。

2．法規的解釈とは？

　「法規的解釈」は，法令それ自体が示す解釈のことです（吉田［2017］33頁）。
　具体的には，法令の規定の意味やそこで用いられている用語の意味を明らかにするためにその法令に特別の規定を設け，これによりその規定の意味を明らかにしようとするものをいいます（田島［2008］194頁）。
　「法規的解釈」の代表的なものとしては，定義規定があります（田島［2008］194頁）。

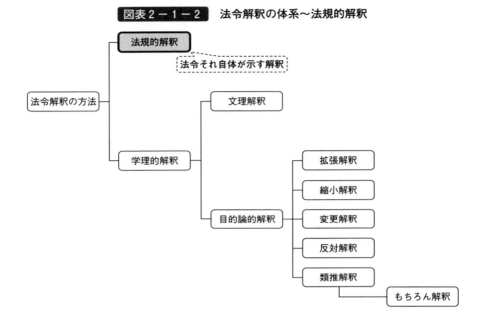

図表2−1−2　法令解釈の体系〜法規的解釈

> **+α**　"飛び地"のような定義規定
>
> 　定義規定としては、法令の冒頭に「第○条（定義）」と置いて、その法令に出てくる用語について定義を定めているもののほかに、「（以下…『○○○』という。）」といった形で、法令の規定の中で用語の内容を規定しているものがあります（泉［1994］87頁）。
>
> 　後者の場合、用語の定義がある場所と、その用語が使われている場所とが離れていることがあり、その定義をうっかり見落としてしまうおそれがあります。
>
> 　例えば、租税特別措置法施行令（以下「**措置令**」といいます）39条の17の2第2項1号イ・ロに「配当等の額」という用語が出てきます。
>
> ┌─────────────────────────────┐
> 租税特別措置法施行令
> **（外国関係会社に係る租税負担割合の計算）**
> **第39条の17の2**　法第66条の6第5項第1号に規定する政令で定めるところにより計算した割合は、外国関係会社（同条第2項第1号に規定する外国関係会社をいう。次項において同じ。）の各事業

第2章　法令解釈の方法　35

　　年度の所得に対して課される租税の額を当該所得の金額で除して
　　計算した割合とする。
　2　前項に規定する割合の計算については，次に定めるところによ
　　る。
　　一　前項の所得の金額は，次に掲げる外国関係会社の区分に応じ
　　　それぞれ次に定める金額とする。
　　　イ　ロに掲げる外国関係会社以外の外国関係会社
　　　　　当該外国関係会社の各事業年度の決算に基づく所得の金額
　　　　につき，その本店所在地国の外国法人税…に関する法令…
　　　　の規定（…以下この項において「**本店所在地国の法令の規**
　　　　定」という。）により計算した所得の金額に当該所得の金額に
　　　　係る(1)から(5)までに掲げる金額の合計額を加算した金額から
　　　　当該所得の金額に係る(6)に掲げる金額を控除した残額
　　　　(1)　その本店所在地国の法令の規定により外国法人税の課税
　　　　　標準に含まれないこととされる所得の金額（支払を受ける
　　　　　<u>配当等の額</u>を除く。）
　　　　(2)　その支払う<u>配当等の額</u>で損金の額に算入している金額
　　　　(3)～(6)　（略）
　　　ロ　（略）
　　二～五　（略）

　　この「配当等の額」については，措置令39条の17の2を冒頭から読
み進めても定義が見当たらず，さらに一つ前の条文に遡っても定義が
見当たらないことから，一見すると，借用概念のようにも見えます。
　　しかしながら，条文をさらに遡っていくと，措置令39条の15第1項
4号に定義があり，「以下この条及び<u>第39条の17の2第2項</u>において
『配当等の額』という」とされています。

租税特別措置法施行令
（適用対象金額の計算）
第39条の15　（略）
　一～三　（略）
　四　当該各事業年度において子会社（他の法人の発行済株式等の
　　うちに当該外国関係会社が保有しているその株式等の数若しく
　　は金額の占める割合又は当該他の法人の発行済株式等のうちの

> 議決権のある株式等の数若しくは金額のうちに当該外国関係会
> 社が保有している当該株式等の数若しくは金額の占める割合の
> いずれかが100分の25・・・以上であり，かつ，その状態が当該外
> 国関係会社が当該他の法人から受ける法人税法第23条第1項第
> 1号及び第2号に掲げる金額（同法第24条第1項の規定の例に
> よるものとした場合にこれらの号に掲げる金額とみなされる金
> 額に相当する金額を含む。以下この条及び第39条の17の2第2
> 項において「**配当等の額**」という。）の支払義務が確定する日
> ・・・以前6月以上・・・継続している場合の当該他の法人をいう。）
> から受ける配当等の額・・・
> イ・ロ　（略）

このように，〝飛び地〟のような定義規定が存在することには，注意
が必要です。

3．学理的解釈とは？

　法規的解釈が，法令それ自体の示す解釈であるのに対し，「学理的解釈」は，
第三者が行う解釈をいいます（吉田［2017］33頁）。

　具体的には，学問上の研究や考察に基づいて，法令の意味・内容を明確にし
ていこうとするもので，一般に「法令の解釈」といえば，この学理的解釈を指
します（田島［2008］196頁）。

　「学理的解釈」に含まれる各方法については，**図表2－1－3**の吹き出しに
示す各節で解説します。

第2章 法令解釈の方法

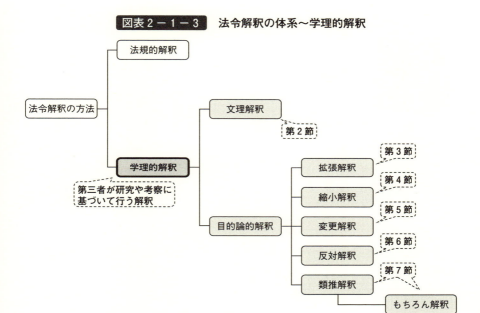

第2節 文理解釈

1．文理解釈とは？

(1) 意　義

　「文理解釈」とは，法令の規定を，その文字や文章の意味するところに即して解釈することをいいます（荒井［1975］53〜54頁）。
　「文理解釈」はさらに，**図表2－2－1**の2種類に分けることができます。

図表2－2－1　「文理解釈」の種類

	林［1975］90頁	田島［2008］197頁
第一の文理解釈	もっぱら文字の意味に従って解釈する「文字解釈」	個々の字句の解釈を問題とする「字句解釈」
第二の文理解釈	文章，行文の意味に従って解釈する「文理解釈」（狭い意味の文理解釈）	文章全体の文脈を文法的にとらえてその意味のつながり方を理解していく「文法解釈」

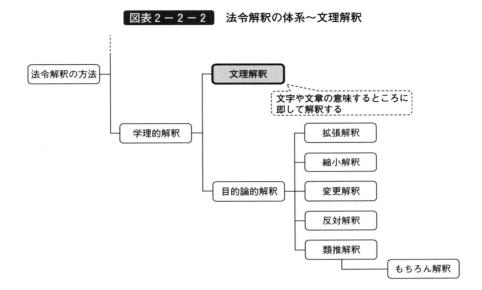

図表2－2－2　法令解釈の体系〜文理解釈

(2) 具体例

例えば，駅に貼られた「電車の窓から手を出してはいけません」という注意書きを見て，「電車の窓から手を出してはいけない」と文字どおり捉えるのが，文理解釈です（吉田［2017］34頁。**図表2－2－3**参照）。

図表2－2－3　文理解釈の例

2．裁判例

> **最判平成22年3月2日民集64巻2号420頁**
>
> 一般に，「期間」とは，ある時点から他の時点までの時間的隔たりといった，時的連続性を持った概念であると解されているから，施行令322条にいう「当該支払金額の計算期間」も，当該支払金額の計算の基礎となった期間の初日から末日までという時的連続性を持った概念であると解するのが自然であり，これと異なる解釈を採るべき根拠となる規定は見当たらない。
>
> 原審は，上記…のとおり判示するが，<u>租税法規はみだりに規定の文言を離れて解釈すべきものではなく</u>，原審のような解釈を採ることは，上記のとおり，文言上困難であるのみならず，ホステス報酬に係る源泉徴収制度において基礎控除方式が採られた趣旨は，できる限り源泉所得税額に係る還付の手数を省くことにあったことが，立法担当者の説明等からうかがわれるところであり，この点からみても，原審のような解釈は採用し難い。
>
> そうすると，ホステス報酬の額が一定の期間ごとに計算されて支払われている場合においては，施行令322条にいう「当該支払金額の計算期間の日数」は，ホステスの実際の稼働日数ではなく，当該期間に含まれるすべての日数を指すものと解するのが相当である。

解　説

　ホステス報酬を支払う場合，その支払金額から「政令で定める金額」を控除した残額を基礎として，源泉所得税の額を計算することとされていました。

　そして，この「政令で定める金額」は，同一人に対する1回の支払金額につき，「5,000円に『当該支払金額の計算期間の日数』を乗じて計算した金額」とされていました。

　本件では，報酬の計算期間を各半月とする旨の約定に基づいて半月ごとに支払うホステス報酬につき，上記「当該支払金額の計算期間の日数」は，〈1〉各集計期間の全日数をいうのか，それとも，〈2〉各集計期間の実際の出勤日数をいうのかが争点となりました。

本判決は,「租税法規はみだりに規定の文言を離れて解釈すべきものではな〔い〕」とした上で,「期間」の一般的な意義に基づく文理解釈を行い,「当該支払金額の計算期間の日数」は,当該期間に含まれるすべての日数を指す（上記〈1〉）との解釈を導きました。本判決はさらに,その解釈の帰結が,ホステス報酬の源泉徴収制度の趣旨に照らして不合理ではないことも確認しています。

本判決は,「租税法の解釈は原則として文理解釈によるべきであるという考え方を採用した判決として非常に重要な判決であ〔る〕」（金子［2014］6頁）といわれています。

参照

本判決の詳細については，**第3章第2節**参照

第3節 拡張解釈

1．拡張解釈とは？

(1) 意 義

「拡張解釈」とは，法令の規定の文字（字句）を，それが普通意味するところよりも若干広げて解釈することをいいます（林［1975］117頁，田島［2008］204頁）。

拡張の幅については，「若干」，「いくらか」などの表現で説明されています（前者は荒井［1975］75頁，林［1975］117頁，田島［2008］204頁。後者は吉田［2017］

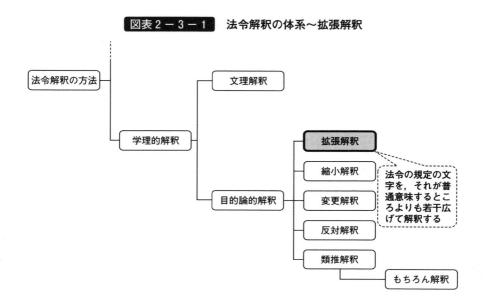

図表2−3−1　法令解釈の体系〜拡張解釈

35頁)。

(2) 具体例

例えば，駅に貼られた「電車の窓から手を出してはいけません」という注意書きを見て，様々な事故につながる危険性を踏まえて「電車の窓から体の一部を出してはいけない」と文言より広く解釈するのが，拡張解釈です（吉田[2017] 34頁。**図表2－3－2**参照）。

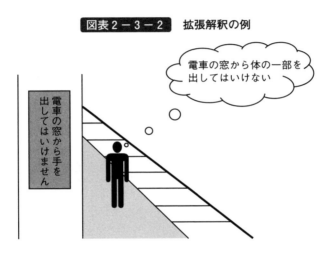

図表2－3－2　拡張解釈の例

2．裁判例

最判平成18年1月24日集民219号285頁
　甲社は，D社の唯一の株主であったというのであるから，第三者割当により同社の新株の発行を行うかどうか，だれに対してどのような条件で新株発行を行うかを自由に決定することができる立場にあり，著しく有利な価額による第三者割当増資を同社に行わせることによって，その保有する同社株式に表章された同社の資産価値を，同株式から切り離して，対価を得ることなく第三者に移転させることができたものということができる。そして，甲社が，D社の唯一の株主の立

44

場において，同社に発行済株式総数の15倍の新株を著しく有利な価額で発行させ
たのは，甲社のＤ社に対する持株割合を100％から6.25％に減少させ，Ｅファン
ド社の持株割合を93.75％とすることによって，Ｄ社株式200株に表章されていた
同社の資産価値の相当部分を対価を得ることなくＥファンド社に移転させること
を意図したものということができる。また，前記事実関係等によれば，上記の新
株発行は，甲社，Ｄ社，Ｅファンド社及び財団法人Ｈ文化財団の各役員が意思を
相通じて行ったというのであるから，Ｅファンド社においても，上記の事情を十
分に了解した上で，上記の資産価値の移転を受けたものということができる。

　<u>以上によれば，甲社の保有するＤ社株式に表章された同社の資産価値について
は，甲社が支配し，処分することができる利益として明確に認めることができる
ところ，甲社は，このような利益を，Ｅファンド社との合意に基づいて同社に移
転したというべきである。したがって，この資産価値の移転は，甲社の支配の及
ばない外的要因によって生じたものではなく，甲社において意図し，かつ，Ｅフ
ァンド社において了解したところが実現したものということができるから，法人
税法22条２項にいう取引に当たるというべきである。</u>

解　説

(1)　実際のスキームは複雑ですが，本判決の基礎となった事実の概要を示すと，
　　次のとおりです（**図表２－３－３**参照）。

　①　甲社は，Ｄ社（ペーパーカンパニー）の唯一の株主であった。また，財
　　団法人Ｈ文化財団は，甲社の筆頭株主であった。

　②　Ｄ社は，その発行済株式総数の15倍の新株を，関連会社Ｅファンド社に
　　対して，著しく有利な価額で発行した。この新株発行は，甲社が，Ｄ社の
　　唯一の株主として，同社にさせたものである。

　③　上記②の結果，甲社のＤ社に対する持株割合は16分の１（6.25％）に減
　　少し，Ｅファンド社のＤ社に対する持株割合は16分の15（93.75％）となっ
　　た。

　④　その結果，甲社の保有するＤ社株式に表章された資産価値の相当部分
　　（Ｄ社の増資前の資産価値と増資後の資産価値の16分の１との差額）がＥファ
　　ンド社に移転した。

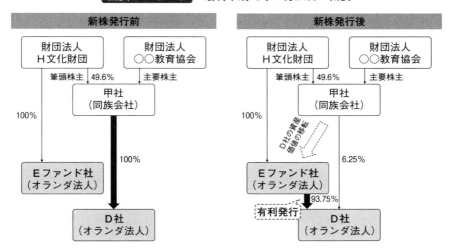

図表2-3-3　最判平成18年1月24日の概要

(2) 上記(1)のような事実関係のもと，本判決は，甲社の益金の額の計算上，D社の資産価値の移転は，法人税法22条2項にいう「取引」に当たると判断したものです。

(3) 金子［2014］は，まず，「取引という言葉は，法令用語としては，通常，売買等の法的取引…を意味する。法人税法22条2項…に用いている取引という用語も同じ意義であって，同法が取引という用語を簿記会計におけるように法的取引以外の行為や事実を広く含む意味で用いているとは思われない」(同23～24頁) とします。

その上で，金子［2014］は，本判決について，以下の①，②のとおり指摘し，「本件判決の『取引』という用語の解釈は一種の拡大解釈であると考える」(同24頁) としています。

① 甲社とD社との間に本件新株発行について合意が存在し，Eファンド社も財団法人H文化財団（甲社の筆頭株主）の子会社としてそれを了承していたことは確かであるが，この合意は，法令用語としての「取引」には該当しない。

② 合意は，甲社・D社間で行われているのであり，甲社・Eファンド社間で行われているのではない。

(4) 上記(3)の見解に対し，今村［2017］は，「金子教授は，法人税法22条2項の『取引』を借用概念と考えていると思われるが，同項に『取引』が規定されている趣旨からみて，固有概念とみるべきであり，原審の…判示するとおり，この『取引』は，関係者間の意思の合致に基づいて生じた法的及び経済的な結果を把握する概念であり，法的取引のみならず，納税者の意思に基づく経済的利益の移転を意味し，本件のように〔甲〕社が〔D〕社の株式に表章されていた資産価値を移転することも含むと考える」（同37頁）としています。この見解に立つ場合，本判決は，法人税法22条2項の「取引」を拡張解釈したものではないと考えることができます。

第4節 縮小解釈

1．縮小解釈とは？

(1) 意 義

「縮小解釈」とは，拡張解釈とは逆に，法令の規定の文字（と用語）を，それが普通意味するところよりも狭く解釈することをいいます（林［1975］119頁，田島［2008］205頁）。「限定解釈」も同様の意味です（清水［2008］269頁）。

縮小の幅については，「若干」，「いくらか」という表現で説明されることも

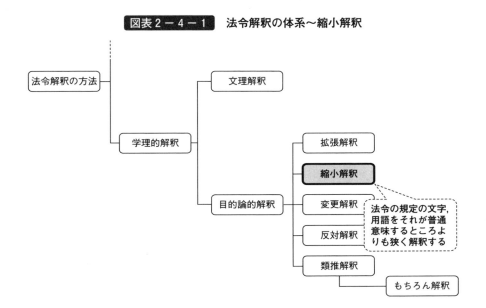

図表2－4－1　法令解釈の体系～縮小解釈

あります（前者は清水［2008］269頁。後者は吉田［2017］36頁）。

(2) 具体例

例えば，駅に貼られた「電車の窓から手を出してはいけません」という注意書きを見て，窓に手が挟まらないようにする注意書きと理解して「電車の窓から手の先を出してはいけない」と狭めて理解するのが，縮小解釈です（吉田［2017］34頁。**図表2－4－2**参照）。

図表2－4－2　縮小解釈の例

2．裁判例

最判平成17年12月19日民集59巻10号2964頁
(1) 法人税法69条の定める外国税額控除の制度は，内国法人が外国法人税を納付することとなる場合に，一定の限度で，その外国法人税の額を我が国の法人税の額から控除するという制度である。これは，同一の所得に対する国際的二重課税を排斥し，かつ，事業活動に対する税制の中立性を確保しようとする政策目的に基づく制度である。
(2) ところが，本件取引は，全体としてみれば，本来は外国法人が負担すべき外

国法人税について我が国の銀行である甲社が対価を得て引き受け，その負担を
自己の外国税額控除の余裕枠を利用して国内で納付すべき法人税額を減らすこ
とによって免れ，最終的に利益を得ようとするものであるということができる。
これは，我が国の外国税額控除制度をその本来の趣旨目的から著しく逸脱する
態様で利用して納税を免れ，我が国において納付されるべき法人税額を減少さ
せた上，この免れた税額を原資とする利益を取引関係者が享受するために，取
引自体によっては外国法人税を負担すれば損失が生ずるだけであるという本件
取引をあえて行うというものであって，我が国ひいては我が国の納税者の負担
の下に取引関係者の利益を図るものというほかない。そうすると，本件取引に
基づいて生じた所得に対する外国法人税を法人税法69条の定める外国税額控除
の対象とすることは，外国税額控除制度を濫用するものであり，さらには，税
負担の公平を著しく害するものとして許されないというべきである。

解　説

(1)　本判決の基礎となった事実の概要は，次のとおりであり，甲社（日本法
　　人）は，外国税額控除の余裕枠を利用し，国内の納付税額の減少部分のうち
　　相当部分を，Ａ社（外国法人）に対し利息の上乗せの形で還元して，対価
　　（手数料）を得たものです（TAINS／重要判決情報H180500。**図表２－４－３**参
　　照）。

　　①　甲社は，Ａ社から対価を得て，Ａ社が本来負担すべき外国法人税を引き
　　　受けた。

　　②　上記①により甲社が負担した外国法人税は，Ａ社から受ける対価を上回
　　　るため，その取引自体では損失を生じる。

　　③　しかし，甲社は，Ａ社から引き受けた外国法人税の額を，（外国税額控除
　　　の余裕枠を利用して）国内で納付すべき法人税額から控除することによって，
　　　最終的には利益を得た。

　　④　すなわち，甲社は，金融業務の一環として自らの外国税額控除の余裕枠
　　　を利用して，よりコストの低い金融を提供し，その対価を得る取引を行っ
　　　たものと解することができる（TAINS／重要判決情報H180500）。

(2)　上記(1)のような事実関係のもと，本判決は，甲社が引き受けた外国法人税

を外国税額控除の対象とすることは，外国税額控除制度を濫用し税負担の公平を著しく害するものとして許されないと判断した。

(3)　金子［2021］は，「納税者のなかには，これらの規定〔注：租税減免規定〕の趣旨，目的に適合しないにもかかわらず，税負担の減免のみを目的として，その取引を形の上でこれらの規定の鋳型に当てはまるように仕組みあるいは組成して，それらの規定の適用を図る例が多い。…このような場合には，減免規定の趣旨・目的に照らして，これらの規定を限定解釈し，これらの取引に対する減免規定の適用を否定することができると解すべきである」（同140～141頁）とした上で，本判決について，「法律上の根拠がない場合に否認を認める趣旨ではなく，外国税額控除制度の趣旨・目的にてらして規定の限定解釈を行った例であると理解しておきたい」（同141頁）としています。

(4)　岡村［2021］は，本判決について，「租税法規の限定解釈に関するものとされている。…しかし，具体的に，何らかの規定の何らかの言葉を狭く解釈したということではない。この制度自体が濫用…されているので，適用を認めないと判決したのである」（同41頁）としています。

第 2 章　法令解釈の方法　51

図表 2 − 4 − 3　最判平成17年12月19日の概要

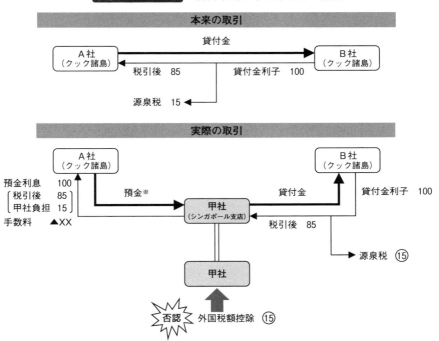

※ B 社に供与する資金全額を A 社が甲社に対し預金として預け入れる預金契約
(出所) TAINS ／重要判決情報 H180500 を参考に作成

第5節 変更解釈

1. 変更解釈とは？

(1) 意 義

「変更解釈」とは，法令の規定の文字（文言）を変更して，本来それが意味するところとは別の意味に解することをいいます（林 [1975] 121頁，田島 [2008] 205頁）。

「変更解釈」は，〈1〉立法上の誤りであることが明白である場合とか，〈2〉その法令の背景となった社会的諸条件が大きく変化したため，変更解釈の必然

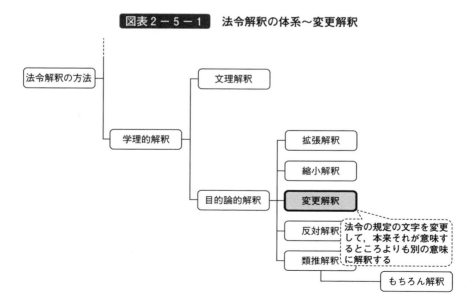

図表2-5-1 法令解釈の体系～変更解釈

性が認められるような事情がはっきりしている場合に限って許されるものです（田島［2008］205〜206頁）。

(2) 具体例

例えば，駅に残っている「汽車の窓から手を出してはいけません」という古い貼り紙を見て，「汽車」を「電車」に変更して解釈するのが，変更解釈です（吉田［2017］34頁。**図表2−5−2**参照）。

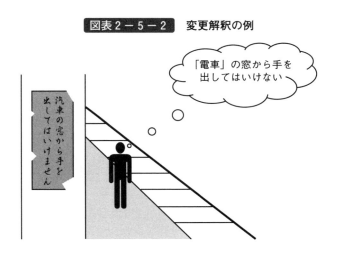

2．事　例

朝長［2017］は，次のとおり，平成18年度税制改正による法人税法施行令119条1項4号に誤りがあり，これを平成19年度税制改正で元に戻すまでの間，通達で訂正していたと指摘しています（改正の経緯につき，**図表2−5−3**，**図表2−5−4**参照）。

また，同様の指摘をするものとして，足立ほか［2017］があります（同34頁）。

これらの指摘によれば，通達によって政令の「変更解釈」を示したということもできるように思われます。

朝長［2017］8～9頁

　平成19年の改正では，18年の改正で有利発行か否かの判定に用いる時価を示す「その取得の時におけるその有価証券の取得のために通常要する価額」となっていた部分が「払い込むべき金銭の額又は給付すべき金銭以外の資産の価額を定める時におけるその有価証券の取得のために通常要する価額」と改正されています。

　何故このような改正が必要であったかというと，平成18年の改正前の119条１項３号に対応する法人税基本通達２－３－７…において有利発行に当たるか否かを判定する株式の時価は「発行価額を決定する日」の時価とされていたことから分かるとおり，増資に関しては，株式の発行条件を決める日と実際に増資が行われて株主が株式を取得する日との間に相当の期間が空くため，有利発行か否かを判定するための株式の時価を採る日は発行条件を決める日とし，有利発行とされた場合に受贈益の額を計算するための株式の時価を採る日は株主が株式を実際に増資によって取得する日とする必要があるからです。…。

　しかし，平成18年の119条１項４号の改正ではそれに気付かず，「判定の時価」を採る日を「計算の時価」を採る日と同じにしてしまったわけです。

（略）

　平成18年の119条１項４号の改正を受けて改正された２－３－７において，同号からの引用が「その取得の時におけるその有価証券の取得のために通常要する価額に比して有利な金額」という長い文章になっていることには理由があるという話をしましたが，このように長い引用としたのは，同号の「その取得の時における」という部分を通達で「当該株式の払込み又は給付の金額（以下２－３－７において「払込金額等」という。）を決定する日の現況における」と修正せざるを得なかったからです。

（略）

　平成18年の119条１項４号の間違った改正は翌年19年の改正で元に戻されたわけです…。

平成18年4月30日以前	平成18年5月1日施行	平成19年4月1日施行
（有価証券の取得価額） **第119条** 内国法人が有価証券の取得をした場合には，その取得価額は，次の各号に掲げる有価証券の区分に応じ当該各号に定める金額とする。 一・二 （略） 三 有利な発行価額で新株その他これに準ずるものが発行された場合における当該発行に係る払込みにより取得をした有価証券（株主等として取得をしたものを除く。）	（有価証券の取得価額） **第119条** 同　左 一〜三 （略） 四 有価証券と引換えに払込みをした金銭の額及び給付をした金銭以外の資産の価額の合計額が<u>その取得の時における</u>その有価証券の取得のために通常要する価額に比して有利な金額である場合における当該払込み又は当該給付（以下この号において「**払込み等**」という。）により取得をした有価証券（新たな払込み等をせずに取得をした有価証券を含むものとし，法人の株主等が当該株主等として金銭その他の資産の払込み等又は株式等無償交付により取得をした当該法人の株式又は新株予約権（当該法人の他の株主等に損害を及ぼすおそれがないと認められる場合における当該株式又は新株予約権に限る。），第19号に掲げる有価証券に該当するもの及び適格現物出資により取得をしたものを除く。）	（有価証券の取得価額） **第119条** 同　左 一〜三 （略） 四 有価証券と引換えに払込みをした金銭の額及び給付をした金銭以外の資産の価額の合計額が<u>払い込むべき金銭の額又は給付すべき金銭以外の資産の価額を定める時における</u>その有価証券の取得のために通常要する価額に比して有利な金額である場合における当該払込み又は当該給付（以下この号において「**払込み等**」という。）により取得をした有価証券（新たな払込み等をせずに取得をした有価証券を含むものとし，法人の株主等が当該株主等として金銭その他の資産の払込み等又は株式等無償交付により取得をした当該法人の株式又は新株予約権（当該法人の他の株主等に損害を及ぼすおそれがないと認められる場合における当該株式又は新株予約権に限る。），第19号に掲げる有価証券に該当するもの及び適格現物出資により取得をしたものを除く。）
その有価証券の当該払込みに係る期日における価額	その取得の時におけるその有価証券の取得のために通常要する価額	その取得の時におけるその有価証券の取得のために通常要する価額

図表2−5−3　法人税法施行令119条の改正の経緯

図表２－５－４	法人税基本通達２－３－７の改正の経緯	

平成12年６月28日 課法２－７（新設）	平成19年３月13日 課法２－３ほか（改正）	平成19年12月７日 課法２－17ほか（改正）
（有利な発行価額） ２－３－７　令第119条第１項第３号《有利な発行価額で取得した有価証券の取得価額》に規定する「有利な発行価額」とは，当該新株の発行価額を決定する日の現況における当該発行法人の株式の価額に比して社会通念上相当と認められる価額を下回る価額をいう。 ㊟１・２　（略）	（通常要する価額に比して有利な金額） ２－３－７　令第119条第１項第４号《有利発行により取得した有価証券の取得価額》に規定する「<u>その取得の時における</u>その有価証券の取得のために通常要する価額に比して有利な金額」とは，<u>当該株式の払込み又は給付の金額（以下２－３－７において「払込金額等」という。）を決定する日の現況における当該発行法人の株式の価額に比して社会通念上相当と認められる価額を下回る価額をいうものとする。</u> ㊟１・２　（略）	（通常要する価額に比して有利な金額） ２－３－７　令第119条第１項第４号《有利発行により取得した有価証券の取得価額》に規定する「払い込むべき金銭の額又は給付すべき金銭以外の資産の価額を定める時におけるその有価証券の取得のために通常要する価額に比して有利な金額」とは，当該株式の払込み又は給付の金額（以下２－３－７において「払込金額等」という。）を決定する日の現況における当該発行法人の株式の価額に比して社会通念上相当と認められる価額を下回る価額をいうものとする。 ㊟１・２　（略）

第2章　法令解釈の方法　　57

条文解説　**法人税基本通達2－3－7の改正**

　　平成18年および平成19年の税制改正による法人税基本通達2
－3－7の改正について，同通達の逐条解説では，次のとおり説
明されています。

> **DHC法人税通達逐条解説**
>
> 　　　　　　　　　　　　（略）
>
> 2　平成19年課法2－3による改正は，平成18年度税制改正
> 　　による引用条文の異動とその規定ぶりの改正に合わせたも
> 　　のであり，これによる実質的な取扱いの変更はない。
> 3　平成19年課法2－17による改正は，平成19年の税制改正
> 　　において有利発行かどうかを判定する場合の比準時価が従
> 　　来の「取得時の時価」から「払込金額等の決定時の時価」
> 　　に改められたことに伴い，本通達についてもこれと平仄を
> 　　合わせる字句的な修正が行われたものであるが，内容的に
> 　　は従来の取扱いを変更するものではない。

第6節 反対解釈

1．反対解釈とは？

(1) 意　義

「反対解釈」は，ある法令の規定について，その規定に〝あること〟が書かれていることは，その裏として，それと逆の場合については逆の効果が生ずるという趣旨をも含んでいると解釈する方法です（林［1975］125頁，田島［2008］206頁）。

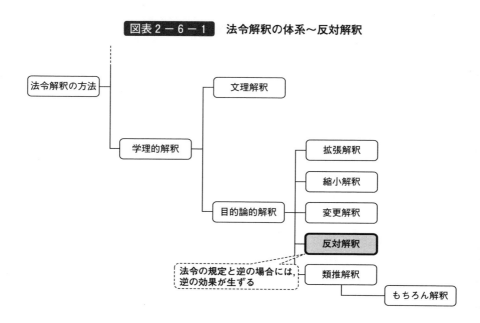

図表2－6－1　法令解釈の体系～反対解釈

このほかの説明として，例えば，「甲はＰである」という規定があった場合，その規定の趣旨が，「甲に限ってそうである」ということであれば，論理的に「甲でないものは，Ｐではない」という結論が裏に隠されていると読む方法である，という説明もなされています（荒井［1975］79頁）。

(2) **具体例**

例えば，駅に貼られた「電車の窓から手を出してはいけません」という注意書きを見て，「『手を出さないでください』とあるのだから，足は出していいのだろう」と解釈するのが，反対解釈です（吉田［2017］34頁。**図表２－６－２**参照）。

図表２－６－２ 反対解釈の例

2．裁判例

山形地判平成11年３月30日税資241号665頁
　第１事件原告は，行政手続法14条の規定をもって，右理由付記の根拠となる旨主張する。しかしながら，所得税の更正処分の際の理由付記の要否については，行政手続法14条と所得税法155条の規定とは一般法と特別法の関係にあると解すべきである。しかして，所得税法155条が青色申告書に係る更正に限り理由付記を義務づけていることからすれば，青色申告書以外の申告書に係る更正について

は，理由付記を義務づけらて（ママ）いないというべきである。したがって，行政手続法14条の規定をもって，本件更正等1の理由付記の根拠とすることはできない。

解　説

平成23年12月の国税通則法の改正までは，青色申告に対する更正についてのみ理由の付記が要求されていたことの反対解釈として，白色申告に対する更正においては，理由の記載は必要でないと解されていました（金子［2021］980頁，旧国税通則法74条の2において行政手続法14条（不利益処分の理由の提示）不適用）。本判決は，これと同旨を述べるものです。

なお，平成23年12月改正で，事業等所得を有する者はすべて記帳義務を課されることになった（所得税法232条）ことに対応して，手続的保障原則重視の観点から，原則としてすべての申請に対する拒否処分および不利益処分について理由の提示・記載が要求されることになりました（国税通則法74条の14の平成23年12月改正による，行政手続法14条（不利益処分の理由の提示）不適用の廃止）（金子［2021］931〜932頁，**図表2－6－3**参照）。

図表2－6－3　平成23年12月改正新旧対照表

新	旧
国税通則法 **（行政手続法の適用除外）** <u>**第74条の14**</u>　行政手続法（平成5年法律第88号）第3条第1項（適用除外）に定めるもののほか，国税に関する法律に基づき行われる処分その他公権力の行使に当たる行為（酒税法第2章（酒類の製造免許及び酒類の販売業免許等）の規定に基づくものを除く。）については，行政手続法第2章（申請に対する処分）<u>（第8条（理由の提示）を除く。）</u>及び第3章（不利益処分）<u>（第14条（不利益処分の理由の提示）を除く。）</u>の規定は，適用しない。	**国税通則法** **（行政手続法の適用除外）** <u>**第74条の2**</u>　行政手続法（平成5年法律第88号）第3条第1項（適用除外）に定めるもののほか，国税に関する法律に基づき行われる処分その他公権力の行使に当たる行為（酒税法<u>（昭和28年法律第6号）</u>第2章（酒類の製造免許及び酒類の販売業免許等）の規定に基づくものを除く。）については，行政手続法第2章（申請に対する処分）及び第3章（不利益処分）の規定は，適用しない。

第7節 類推解釈

1．類推解釈とは？

(1) 意 義

「類推解釈」とは，似通った2つの事柄のうち，一方だけに規定があり，他方には明文の規定がない場合に，前者と同様の趣旨の規定が後者にも置かれているものと類推して解釈することをいいます（林［1975］128頁，田島［2008］

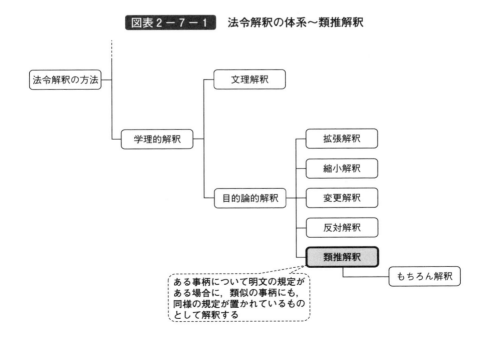

図表2−7−1 法令解釈の体系〜類推解釈

ある事柄について明文の規定がある場合に，類似の事柄にも，同様の規定が置かれているものとして解釈する

206頁)。

(2) 具体例

例えば、駅に貼られた「電車の窓から手を出してはいけません」という注意書きを見て、「『手を出さないでください』とあるのだから、窓から荷物などを出してもいけないのだろう」と解釈するのが、類推解釈です（吉田［2017］34頁。**図表2－7－2**参照）。

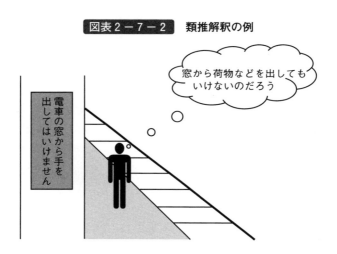

図表2－7－2　類推解釈の例

＋α　もちろん解釈

「もちろん解釈」は、類推解釈の一つで、ある法令の規定の立法の目的、趣旨等からみて、（その事柄と共通要素のある）他の事柄については明文の規定はないが、それと同じ趣旨の規定があると解することが条理の上から当然のことであると考えられる場合に採られる解釈方法です（林［1975］134頁、荒井［1975］90頁）。

例えば、「牛馬つなぐべからず」という禁札を見て、「より危険な猛獣である熊や虎は、もちろんつないではいけない」と解釈するのが、もちろん解釈です（荒井［1975］91頁）。

2．裁判例

> **東京高判昭和43年5月29日民集27巻10号1364頁（控訴審）**
>
> 　譲渡担保による不動産の取得については譲渡担保設定者から譲渡担保権者に対するその不動産の所有権の実質的移転が完結しない限り，旧地方税法としては課税の法的根拠がなく，従つて同法第73条の2第1項にいう「不動産の取得」にあたるとはとうてい解し難く，むしろ旧地方税法上においても異論がないと考えられる前叙のごとき譲渡担保の性質，ことにその本質が所有権移転という手段的要素よりも債権担保という目的要素にあるとする見解が有力になりつつある状況にかんがみるならば，旧地方税法上の実定法規上の根拠として同法第73条の7に定める形式的な所有権の移転等に対する不動産取得税の非課税の規定中第3号（信託財産の取得）を類推適用するのがこの場合もつとも妥当であると解する…。

> **最判昭和48年11月16日民集27巻10号1333頁（上告審）**
>
> 　不動産取得税は，いわゆる流通税に属し，不動産の移転の事実自体に着目して課せられるものであつて，不動産の取得者がその不動産を使用・収益・処分することにより得られるであろう利益に着目して課せられるものではないことに照らすと，地方税法73条の2第1項にいう「不動産の取得」とは，不動産の取得者が実質的に完全な内容の所有権を取得するか否かには関係なく，所有権移転の形式による不動産の取得のすべての場合を含むものと解するのが相当であり，譲渡担保についても，それが所有権移転の形式による以上，担保権者が右不動産に対する権利を行使するにつき実質的に制約をうけるとしても，それは不動産の取得にあたるものと解すべきである。このことは，地方税法が73条の2第1項において，原則的に，一切の不動産の取得に対する課税を規定したうえで，とくに73条の3以下において，例外的に非課税とすべき場合を規定しながら，譲渡担保による不動産の取得については非課税規定を設けていなかつたこと，および前記地方税法の改正規定においては，譲渡担保による不動産の取得も73条の2第1項により課税の対象となることを前提としたうえで，とくに73条の27の2において納税義務を免除しあるいは徴収の猶予をする場合を定めていることとも符合する。
>
> 　…甲は譲渡担保として本件不動産の所有権の移転をうけたというのであるから，甲の右不動産の取得は，地方税法73条の2第1項にいう「不動産の取得」にあたるものといわなければならない。そして，地方税法73条の7第3号は信託財

産を移す場合における不動産の取得についてだけ非課税とすべき旨を定めたものであり，租税法の規定はみだりに拡張適用すべきものではないから，譲渡担保による不動産の取得についてはこれを類推適用すべきものではない。そうすると，甲の本件不動産の取得に対し不動産取得税を課することは許されないとした原判決およびこれと同趣旨の第一審判決は，地方税法73条の２第１項，73条の７第３号の解釈適用を誤つた違法があり，右違法は判決に影響を及ぼすことが明らかであるから，論旨は理由があり，原判決は破棄を，第一審判決は取消を免れない。

解 説

　東京高裁は，譲渡担保による不動産の取得は，旧地方税法73条の２第１項にいう「不動産の取得」に当たらず，同法73条の７第３号（形式的な所有権の移転等に対する不動産取得税の非課税の規定）の類推適用により非課税とすべきであるとしました。

　これに対して，最高裁は，「地方税法73条の７第３号は信託財産を移す場合における不動産の取得についてだけ非課税とすべき旨を定めたものであり，租税法の規定はみだりに拡張適用すべきものではないから，譲渡担保による不動産の取得についてはこれを類推適用すべきものではない」として，原判決を破棄して，甲の請求を棄却しました。

　本件は，東京高裁が「類推解釈」によったのに対し，最高裁が「類推解釈」は認められないとした事案です。

第2章　法令解釈の方法　65

第8節　税法解釈のあり方

1．学　説

税法解釈をめぐる主な学説としては，次のようなものがあります。

清永［2013］35頁

　税法の解釈，殊に租税実体法の解釈においては，基本的には厳格な解釈が要請されることになる。この場合，法規の法文や文言がまず重視されることになろう。税法においてはある法条においてどのような文言が用いられているかが重要なのである。法規の文言や法文を通常の用語例よりも拡張したりまた縮小したりする拡張解釈や縮小解釈，また類推解釈は，原則として許されないと考えられる。もっとも，文言だけからはある解釈問題のきめ手を導きだせず，文言だけからはいくつかの解釈の可能性が考えられるような場合等においては，当該法条の趣旨・目的を参酌して解釈をしなければならないことはいうまでもない。

金子［2021］123〜124頁

　租税法は侵害規範…であり，法的安定性の要請が強くはたらくから，その解釈は原則として文理解釈によるべきであり，みだりに拡張解釈や類推解釈を行うことは許されない…。ただし，文理解釈によって規定の意味内容を明らかにすることが困難な場合に，規定の趣旨目的にてらしてその意味内容を明らかにしなければならないことは，いうまでもない…。

> **増井［2023］48頁**
>
> 　租税法令の解釈にあたっては，文理解釈を基本とすべきである。最高裁も，「租税法律主義の原則に照らすと，租税法規はみだりに規定の文言を離れて解釈すべきものではない」と判示している…。ただし，文理の内容を確定するために，法令の趣旨・目的を考慮することが必要になることは，いうまでもない。

> **岡村ほか［2023］27頁**
>
> 　比較的争いが少ないと思われるのは，解釈の幅である。租税法の解釈では，法文から離れた自由な解釈は認められず，基本的には厳格な文理解釈（言葉の通常用いられている意味，言葉の意味の中心に従った解釈）が要求され，類推（類推解釈）はもちろん，拡大解釈や縮小解釈も原則として許されないと理解されている。
>
> 　その理由は，租税法律主義に求められる。すなわち，もし解釈に法文から離れた広い幅を認めれば，帰するところ法律によらない課税を容認することになり，租税については法律で定めるとした租税法律主義が損なわれるからである。

2．最高裁判決

　平成29年の最高裁判決（**第3章第5節**参照）の調査官解説によると，最高裁の先例が採用した税法解釈のあり方が，次のとおりです。

> **日置［2020］537頁**
>
> 　当審の先例は，規定の文理を忠実に解釈したもの（ⓐ最二小判平成23年2月18日・集民236号71頁…，…ⓑ最三小判平成22年3月2日〔注：民集64巻2号420頁〕…），規定の趣旨目的に照らして文理を解釈したもの（ⓒ最二小判平成18年6月19日・集民220号539頁…，ⓓ最二小判平成24年1月13日・民集66巻1号1頁…）の双方があり，その原則的な立場を明らかにしていないが，租税法律主義の趣旨に照らし，文理解釈を基礎とし，規定の文言や当該法令を含む関係法令全体の用語の意味内容を重視しつつ，事案に応じて，その文言の通常の意味内容から乖離しない範囲内で，規定の趣旨目的を考慮することを許容しているように思われる。

第2章　法令解釈の方法　　67

> **参照**
>
> 下線部ⓐ～ⓓの判決については，**第3章第1節～第4節**参照

3. まとめ

以上によれば，税法解釈のあり方は，次のとおりです。

- 租税法律主義の趣旨に照らし，税法の解釈は，厳格な文理解釈を基本とすべきである。したがって，拡張解釈，縮小解釈，類推解釈は，原則として許されず，法文に即した解釈が求められる。
- ただし，文理解釈によって規定の意味内容を明らかにすることが困難な場合や，いくつかの解釈の可能性が考えられるような場合には，規定の趣旨・目的に照らして解釈を行う必要がある。
- 最高裁においても，文理解釈を基礎とし，規定の文言や用語の意味内容を重視しつつ，事案に応じ，その文言の通常の意味内容から乖離しない範囲内で，規定の趣旨・目的を考慮している。

第9節 疑わしきは納税者の利益に

「疑わしきは納税者の利益（国庫の不利益）に」，「疑わしきは国庫の利益に」という解釈原理があり，**図表２－９－１**のとおり，前者については見解が分かれているものの，後者についてはこれを積極的に支持する見解はないといえます。

もとより，実務上は，「疑わしきは納税者の利益に」という解釈原理が確立しているわけではありませんが，学説上も，安易にこの解釈原理に頼って，不明確な規定の解釈を中止することを認めるものではないように思われます。

図表２－９－１　「疑わしきは〇〇の利益に」

	疑わしきは納税者の利益（国庫の不利益）に	疑わしきは国庫の利益に
清永[2013]36～37頁	「疑わしきは国庫の不利益に」については，税法の解釈原理としてこれを積極的に支持する見解とそうでない見解とに分かれる。ここでの問題は，一般的にいえば，税法の規定の意味内容が一義的でなく解釈上直ちに一つの答えを見出すことが困難である場合，すなわち「疑わしい場合」（in dubio）にどのように解決したらよいかということである。この問題に対する答は，どのような場合を「疑わしい場合」と考えるかあるいは少なくとも最終的には「疑わしい場合」は存しないと考えるか等にかかってくるように思われる。しかし，一般的にいえば，税法上許される解釈を行っても必ずしも明確に意味内容を確定しえない場合が多くはないにしても存しうるであろうと思われる。このような「疑わしい場合」にはどちらかに選択をしなければならず，その場合，不明確な立法をしたことによる不利益を課税する側に負担させることはあながち不当なものとは思われないから，結局「国庫に不利益に」判断しなければならないと考える。ただ，税法上許される解釈をどのようなものと考えるかについては，恐らく意見が分かれることになろう。	税法の解釈原理として「疑わしきは国庫の利益に」を積極的に支持する見解はないといってよい。

金子[2021]125頁	意味内容が不分明で見解が分かれている規定がある場合に，その意味内容を明らかにすることこそ，法の解釈の作用であり，法を適用する者の任務であって，規定の意味内容が不分明で疑わしい場合であるという理由で解釈を中止するのは，その義務を放棄することにほかならない。その意味で，「疑わしきは納税者の利益に」という命題は，課税要件事実の認定については妥当するが，租税法の解釈原理としては成り立たない…。もし，租税法上許される解釈方法を用いてもなおその法的意味を把握できないような規定がある場合は，その規定は，…課税要件明確主義…に反し無効である（したがって，結局適用されないことになる），と解すれば十分である。	「疑わしきは国庫の利益に」という解釈原理が成り立ちえないことも，いうまでもない。
岡村ほか[2023]29〜30頁	「疑わしきは国庫の不利益に」による解釈は，租税法律主義が求める厳格解釈を踏み越えている可能性がある。また，このような一般的な方針を解釈の原則に据えることは，そのための立法がないかぎり，租税法律主義のもとで承認できないと思われる。 　しかし，文理解釈も目的論的解釈も働かない場合がないとはいえない。「国庫の不利益に」は，その場合にとるべき最後の方針とはなるであろう。その場合，関係したすべての納税者の税負担を有利に計算することになる。… 　このような解決は，租税法の解釈ではない。法解釈といえるだけの一貫性や整合性をもたないからである。それは，課税の停止（租税法が事実関係を捉える作用の停止）とみるべきである。 　「国庫の不利益に」による解決は，租税法律主義の観点から理由づけることができる。すなわち，解釈によってルールを見いだすことができない場合，無理をしてどちらかに決着をつけることは，新たな立法に等しく，租税法律主義に反するため，そこで課税を停止せざるをえない，と考えられる。 　しかし，これはごく例外であり，たとえば立法府の不作為により既存の規定が新たな経済活動に対応できず，ルールを見いだすことができないといった場合にかぎられるであろう。	―

■参考文献等

荒井 [1975]：荒井勇『税法解釈の常識〈税法条文の読み方教室〉』（税務研究会出版局，1975）

林 [1975]：林修三『法令解釈の常識〈第2版〉』（日本評論社，1975）

泉 [1994]：泉美之松『所得税法・法人税法・相続税法　税法条文の読み方－条文解釈の手引－〈平成版新訂〉』（東京教育情報センター，1994）

清水 [2008]：清水一夫「課税減免規定の立法趣旨による『限定解釈』論の研究－外国税額控除事件を出発点として－」税大論叢59号245頁（2008）

田島 [2008]：田島信威『法令入門－法令の体系とその仕組み〈第3版〉』（法学書院，2008）

清永 [2013]：清永敬次『税法〈新装版〉』（ミネルヴァ書房，2013）

酒井 [2013]：酒井克彦「租税法条文の読み方－文理解釈か？趣旨解釈か？－」税大ジャーナル21号15頁（2013）

金子 [2014]：金子宏「租税法解釈論序説－若干の最高裁判決を通して見た租税法の解釈のあり方」金子宏＝中里実＝J.マーク・ラムザイヤー編『租税法と市場』（有斐閣，2014）3頁

足立ほか [2017]：足立格＝渡邊満久＝中村重樹「法人税法における株式の有利発行該当性と受贈益課税－〇〇〇〇事件判決を踏まえて－」商事法務2143号28頁（2017）

今村 [2017]：今村隆『現代税制の現状と課題　租税回避否認規定編』（新日本法規，2017）

朝長 [2017]：朝長英樹「検証・有利発行課税事件(2)」T&A master 686号4頁（2017）

吉田 [2017]：吉田利宏『新法令解釈・作成の常識』（日本評論社，2017）

木山 [2020]：木山泰嗣『税法思考術』（大蔵財務協会，2020）

日置 [2020]：日置朋弘「判解」最高裁判所判例解説民事篇平成29年度（下）518頁（2020）

岡村 [2021]：岡村忠生「租税法規の限定解釈－〇〇〇外税控除否認事件」中里実＝佐藤英明＝増井良啓＝渋谷雅弘＝渕圭吾編『租税判例百選〈第7版〉』（有斐閣，2021）40頁

金子 [2021]：金子宏『租税法〈第24版〉』（弘文堂，2021）

岡村ほか [2023]：岡村忠生＝酒井貴子＝田中晶国『租税法〈第4版〉』（有斐閣，2023）

増井 [2023]：増井良啓『租税法入門〈第3版〉』（有斐閣，2023）

DHC法人税通達逐条解説：DHC Premium「法人税通達逐条解説Digital」（第一法規）

TAINS／重要判決情報H180500：国税庁課税部審理室「情報　調査担当者のための『重要判決情報』平成17年7月～12月分」（平成18年5月）

第 **3** 章

最高裁判決にみる税法解釈のあり方

第1節　住所国外移転事件
第2節　ホステス報酬計算期間事件
第3節　自動車用燃料事件
第4節　養老保険事件
第5節　地域統括業務適用除外事件

住所国外移転事件
―― 規定の文理を忠実に解釈したもの

> 香港に赴任しつつ国内にも相応の日数滞在していた者が，国外財産の贈与を受けた時において，相続税法（平成15年法律第8号による改正前のもの）1条の2第1号所定の贈与税の課税要件である国内（同法の施行地）における住所を有していたとはいえないとされた事例
>
> （最判平成23年2月18日集民236号71頁）

事案の概要

(1) 甲は，その両親から外国法人に係る出資持分の贈与を受けたことにつき，所轄税務署長から相続税法[1]（以下「**法**」ということがある）1条の2第1号および2条の2第1項に基づき贈与税の決定処分および無申告加算税の賦課決定処分（以下，これらを併せて「**本件各処分**」という）を受けた。

(2) そこで，甲は，自身は上記贈与を受けた時において国内に住所を有しておらず上記贈与に係る贈与税の納税義務を負わない旨主張して，本件各処分の取消しを求める訴えを提起した（**図表3－1－1**参照）。

---

[1] 平成15年法律第8号による改正前のもの

第3章　最高裁判決にみる税法解釈のあり方　73

図表3-1-1　事案の概要

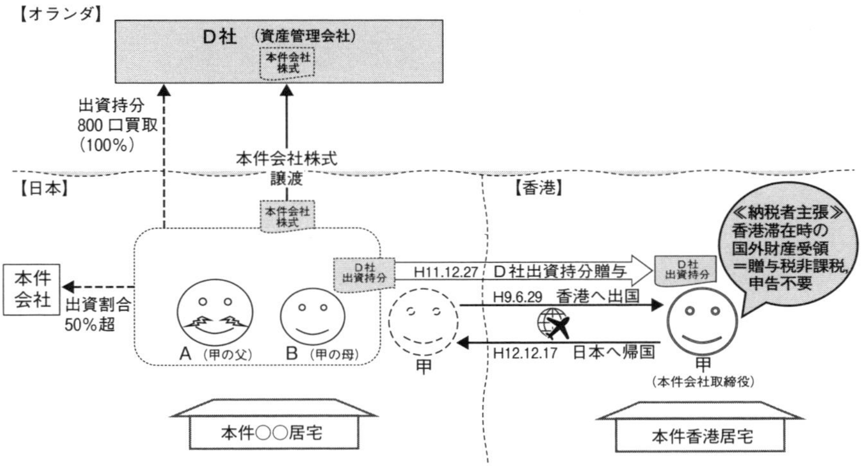

【オランダ】

D社　（資産管理会社）
本件会社株式

出資持分
800口買取
（100％）

本件会社株式
譲渡

【日本】　　　　　　　　　　　　　　　　　　　　【香港】

本件会社株式

≪納税者主張≫
香港滞在時の
国外財産受領
＝贈与税非課税，
申告不要

本件会社
出資割合
50％超

D社
出資持分

H11.12.27　D社出資持分贈与

H9.6.29　香港へ出国

H12.12.17　日本へ帰国

D社
出資持分

A（甲の父）　B（甲の母）

甲

甲
（本件会社取締役）

本件○○居宅

本件香港居宅

（出所）TAINS／課税部情報東京（国際課税事例集07）H300500を一部加工

事実関係

(1)　甲は，AおよびBの長男である。

　　甲は，Aが代表取締役を務めていた消費者金融業を営む会社である株式会社C（以下「**本件会社**」という）に平成7年1月に入社し，平成8年6月に取締役営業統轄本部長に就任した。

　　Aは甲を本件会社における自己の後継者として認め，甲もこれを了解し，社内でもいずれは甲がAの後継者になるものと目されていた。

(2)　平成12年法律第13号により租税特別措置法[(2)]69条2項の規定が設けられる前においては，贈与税の課税は贈与時に受贈者の住所または受贈財産の所在のいずれかが国内にあることが要件とされていた（法1条の2，2条の2）。

　　そのため，贈与者が所有する財産を国外へ移転し，さらに受贈者の住所を国外に移転させた後に贈与を実行することによって，我が国の贈与税の負担

---

(2)　平成15年法律第8号による改正前のもの

を回避するという方法が，平成9年当時において既に一般に紹介されていた。

　Aは，同年2月ころ，このような贈与税回避の方法について，弁護士から概括的な説明を受けた。

(3) 本件会社の取締役会は，平成9年5月，Aの提案に基づき，海外での事業展開を図るため香港に子会社を設立することを決議した。

　甲は，同年6月29日に香港に出国していたところ，上記取締役会は，同年7月，Aの提案に基づき，情報収集，調査等のための香港駐在役員として甲を選任した。

　また，本件会社は，同年9月および平成10年12月，子会社の設立に代えて，それぞれ香港の現地法人（以下「**本件各現地法人**」という）を買収し，その都度，甲が本件各現地法人の取締役に就任した。

(4) 甲は，平成9年6月29日に香港に出国してから平成12年12月17日に業務を放棄して失踪するまでの期間（以下「**本件期間**」という）中，合計168日，香港において，本件会社または本件各現地法人の業務として，香港またはその周辺地域に在住する関係者との面談等の業務に従事した。

　他方で，甲は，本件期間中，月に一度は帰国しており，国内において，月1回の割合で開催される本件会社の取締役会の多くに出席したほか，少なくとも19回の営業幹部会および3回の全国支店長会議にも出席し，さらに，新入社員研修会，格付会社との面談，アナリストやファンドマネージャー向けの説明会等にも出席した。

　また，甲は，本件期間中の平成10年6月に本件会社の常務取締役に，平成12年6月に専務取締役にそれぞれ昇進した。

　本件期間中に占める甲の香港滞在日数の割合は約65.8%，国内滞在日数の割合は約26.2%である。

(5) 甲は独身であり，本件期間中，香港においては，家財が備え付けられ，部屋の清掃やシーツの交換などのサービスが受けられるアパートメント（以下「**本件香港居宅**」という）に単身で滞在した。

　そのため，甲が出国の際に香港へ携行したのは衣類程度であった。

　本件香港居宅の賃貸借契約は，当初が平成9年7月1日から期間2年間であり，平成11年7月，期間2年間の約定で更改された。

他方で，甲は，帰国時には，香港への出国前と同様，Aが賃借していた東京都〇〇区所在の居宅（以下「**本件〇〇居宅**」という）で両親および弟とともに起居していた。

(6) 甲の香港における資産としては，本件期間中に受け取った報酬等を貯蓄した5,000万円程度の預金があった。

　他方で，甲は，国内において，平成10年12月末日の時点で，評価額にして1,000億円を超える本件会社の株式，23億円を超える預金，182億円を超える借入金等を有していた。

(7) 甲は，香港に出国するに当たり，住民登録につき香港への転出の届出をした上，香港において，在香港日本総領事あて在留証明願，香港移民局あて申請書類一式，納税申告書等を提出し，これらの書類に本件香港居宅の所在地を甲の住所地として記載するなどした。

　他方で，甲は，香港への出国の時点で借入れのあった複数の銀行およびノンバンクのうち，銀行3行については住所が香港に異動した旨の届出をしたが，銀行7行およびノンバンク1社についてはその旨の届出をしなかった。

　なお，本件会社の関係では，本件期間中，常務取締役就任承諾書および役員宣誓書には，甲は自己の住所として本件〇〇居宅の所在地を記載し，有価証券報告書の大株主欄には，本件香港居宅の所在地が甲の住所として記載された。

(8) AおよびBは，オランダ王国における非公開有限責任会社であるD社（総出資口数800口）の出資をそれぞれ560口および240口所有していた。

　AおよびBは，平成10年3月23日付けで，D社に対し本件会社の株式合計1,569万8,800株を譲渡した上，平成11年12月27日付けで，甲に対し，Aの上記出資560口およびBの上記出資のうち160口の合計720口の贈与（以下「**本件贈与**」という）をした。

(9) Aおよび甲は，本件贈与に先立つ平成11年10月ころ，公認会計士から本件贈与の実行に関する具体的な提案を受けていた。

　また，甲は，本件贈与後，3か月に1回程度，国別滞在日数を集計した一覧表を本件会社の従業員に作成してもらったり，平成12年11月ころ国内に長く滞在していたところ，上記公認会計士から早く香港に戻るよう指導された

りしていた。

⑽　本件○○居宅の所在地を所轄する○○税務署長は，本件贈与について，平
成17年3月2日付けで，甲に対し，贈与税の課税価格を1,653億603万1,200円，
納付すべき贈与税額を1,157億290万1,700円とする平成11年分贈与税の決定
処分および納付すべき加算税の額を173億5,543万5,000円とする無申告加算
税の賦課決定処分（本件各処分）をした。

関係法令等（当時）

(1)　相続税法は，贈与税の納税義務者について，贈与により財産を取得した個
人で当該財産を取得した時において，この法律の施行地に住所を有する者
（以下「**無制限納税義務者**」という）である場合には，その者が贈与により取
得した財産の全部に対し贈与税を課すると規定している（法1条の2第1号，
2条の2第1項）。

(2)　相続税法基本通達[3]（以下「**基本通達**」という）1・1の2共－5は，法に
規定する「住所」とは，各人の生活の本拠であり，生活の本拠であるかどう
かは客観的事実によって判定する旨規定している。

　　基本通達1・1の2共－6は，「日本の国籍を有している者…については，
その者が相続若しくは遺贈又は贈与により財産を取得した時において法施行
地を離れている場合であっても，その者が次に掲げる者に該当する場合
（1・1の2共－5によりその者の住所が明らかに法施行地にあると認められる場
合を除く。）は，その者の住所は，法施行地にあるものとして取り扱うもの
とする。」とし，「次に掲げる者」の一つとして「(2)国外において勤務その他
の人的役務を提供する者で国外における当該人的役務の提供が短期間（おお
むね1年以内である場合をいうものとする。）であると見込まれる者（その者の
配偶者その他生計を一にする親族でその者と同居している者を含む。）」を定めた
上，（注）として，「その者が相続若しくは遺贈又は贈与により財産を取得し

---

[3]　昭和34年1月28日付直資10による国税庁長官通達。ただし，平成12年6月23日付課資2
－258による改正前のもの

たときにおいて法施行地を離れている場合であっても，国外出張，国外興行等により一時的に法施行地を離れているにすぎない者については，その者の住所は法施行地にあることとなるのであるから留意する。」と規定している。

東京高裁（原審）の判断

(1) 甲は，贈与税回避を可能にする状況を整えるために香港に出国するものであることを認識し，本件期間を通じて国内での滞在日数が多くなりすぎないよう滞在日数を調整していたと認められるから，甲の香港での滞在日数を重視し，これを国内での滞在日数と形式的に比較してその多寡を主要な考慮要素として本件香港居宅と本件○○居宅のいずれが住所であるかを判断するのは相当ではない。

(2) 次のことなどからすれば，甲が本件期間の約3分の2の日数，香港に滞在し，現地において関係者との面談等の業務に従事していたことを考慮しても，本件贈与を受けた時において甲の生活の本拠である住所は国内にあったものと認めるのが相当であり，甲は法1条の2第1号および2条の2第1項に基づく贈与税の納税義務を負うものである。

① 甲は，本件期間を通じて4日に1日以上の割合で国内に滞在し，国内滞在中は香港への出国前と変わらず本件○○居宅で起居していたこと

② 甲は，香港への出国前から，本件会社の役員という重要な地位にあり，本件期間中もその役員としての業務に従事して昇進もしていたこと

③ 甲は，Aの跡を継いで本件会社の経営者になることが予定されていた重要人物であり，本件会社の所在する我が国が職業活動上最も重要な拠点であったこと

④ 甲は，香港に家財等を移動したことはなく，香港に携行したのは衣類程度にすぎず，本件香港居宅は，ホテルと同様のサービスが受けられるアパートメントであって，長期の滞在を前提とする施設であるとはいえないものであったこと

⑤ 甲が香港において有していた資産は総資産評価額の0.1%にも満たないものであったこと

⑥　甲は，香港への出国時に借入れのあった銀行やノンバンクの多くに，住所が香港に異動した旨の届出をしていないなど，香港を生活の本拠としようとする意思は強いものであったとはいえないこと

最高裁の判断

結　果　破棄自判

①　法1条の2によれば，贈与により取得した財産が国外にあるものである場合には，受贈者が当該贈与を受けた時において国内に住所を有することが，当該贈与についての贈与税の課税要件とされている（同条1号）ところ，ここにいう住所とは，反対の解釈をすべき特段の事由はない以上，生活の本拠，すなわち，その者の生活に最も関係の深い一般的生活，全生活の中心を指すものであり，一定の場所がある者の住所であるか否かは，客観的に生活の本拠たる実体を具備しているか否かにより決すべきものと解するのが相当である（最高裁昭和29年（オ）第412号同年10月20日大法廷判決・民集8巻10号1907頁…）。

②　これを本件についてみるに，前記事実関係等によれば，甲は，本件贈与を受けた当時，本件会社の香港駐在役員及び本件各現地法人の役員として香港に赴任しつつ国内にも相応の日数滞在していたところ，本件贈与を受けたのは上記赴任の開始から約2年半後のことであり，香港に出国するに当たり住民登録につき香港への転出の届出をするなどした上，通算約3年半にわたる赴任期間である本件期間中，その約3分の2の日数を2年単位（合計4年）で賃借した本件香港居宅に滞在して過ごし，その間に現地において本件会社又は本件各現地法人の業務として関係者との面談等の業務に従事しており，これが贈与税回避の目的で仮装された実体のないものとはうかがわれないのに対して，国内においては，本件期間中の約4分の1の日数を本件○○居宅に滞在して過ごし，その間に本件会社の業務に従事していたにとどまるというのであるから，本件贈与を受けた時において，本件香港居宅は生活の本拠たる実体を有していたものというべきであり，本件○○居宅が生活の本拠たる実体を有していたということはできない。

③　原審は，甲が贈与税回避を可能にする状況を整えるために香港に出国するものであることを認識し，本件期間を通じて国内での滞在日数が多くなりすぎな

いよう滞在日数を調整していたことをもって，住所の判断に当たって香港と国内における各滞在日数の多寡を主要な要素として考慮することを否定する理由として説示するが，前記のとおり，一定の場所が住所に当たるか否かは，客観的に生活の本拠たる実体を具備しているか否かによって決すべきものであり，主観的に贈与税回避の目的があったとしても，客観的な生活の実体が消滅するものではないから，上記の目的の下に各滞在日数を調整していたことをもって，現に香港での滞在日数が本件期間中の約3分の2（国内での滞在日数の約2.5倍）に及んでいる甲について前記事実関係等の下で本件香港居宅に生活の本拠たる実体があることを否定する理由とすることはできない。

　このことは，法が民法上の概念である「住所」を用いて課税要件を定めているため，本件の争点が上記「住所」概念の解釈適用の問題となることから導かれる帰結であるといわざるを得ず，他方，贈与税回避を可能にする状況を整えるためにあえて国外に長期の滞在をするという行為が課税実務上想定されていなかった事態であり，このような方法による贈与税回避を容認することが適当でないというのであれば，法の解釈では限界があるので，そのような事態に対応できるような立法によって対処すべきものである。

　そして，この点については，現に平成12年法律第13号によって所要の立法的措置が講じられているところである。

④ 原審が指摘するその余の事情に関しても，本件期間中，国内では家族の居住する本件〇〇居宅で起居していたことは，帰国時の滞在先として自然な選択であるし，甲の本件会社内における地位ないし立場の重要性は，約2.5倍存する香港と国内との滞在日数の格差を覆して生活の本拠たる実体が国内にあることを認めるに足りる根拠となるとはいえず，香港に家財等を移動していない点は，費用や手続の煩雑さに照らせば別段不合理なことではなく，香港では部屋の清掃やシーツの交換などのサービスが受けられるアパートメントに滞在していた点も，昨今の単身で海外赴任する際の通例や甲の地位，報酬，財産等に照らせば当然の自然な選択であって，およそ長期の滞在を予定していなかったなどとはいえないものである。

　また，香港に銀行預金等の資産を移動していないとしても，そのことは，海外赴任者に通常みられる行動と何らそごするものではなく，各種の届出等からうかがわれる甲の居住意思についても，上記のとおり甲は赴任時の出国の際に住民登録につき香港への転出の届出をするなどしており，一部の手続について住所変更の届出等が必須ではないとの認識の下に手間を惜しんでその届出等をしていないとしても別段不自然ではない。

そうすると，これらの事情は，本件において甲について前記事実関係等の下で本件香港居宅に生活の本拠たる実体があることを否定する要素とはならないというべきである。

⑤　以上によれば，甲は，本件贈与を受けた時において，法1条の2第1号所定の贈与税の課税要件である国内（同法の施行地）における住所を有していたということはできないというべきである。

⑥　したがって，甲は，本件贈与につき，法1条の2第1号及び2条の2第1項に基づく贈与税の納税義務を負うものではなく，本件各処分は違法である。

解 説

本判決の骨子

①　贈与税の課税要件

　贈与により国外財産を取得した場合には，受贈者が贈与時において国内に住所を有することが，贈与税の課税要件とされている。

　ここにいう住所とは，反対の解釈をすべき特段の事由はない以上，生活の本拠を指すものである。一定の場所がある者の住所であるか否かは，客観的に生活の本拠たる実体を具備しているか否かにより決すべきである。

②　甲の生活の本拠

　甲は，約3年半（本件贈与時までの約2年半およびそれに続く約1年間）にわたる赴任期間（本件期間）中，約3分の2の日数を本件香港居宅にて過ごし，その間に現地において本件会社または本件各現地法人の業務に従事しており，これが実体のないものとはうかがわれない。

　一方，甲は，国内においては，本件期間中の約4分の1の日数を本件○○居宅に滞在して過ごし，その間に本件会社の業務に従事していたにとどまる。

　したがって，本件贈与時において，本件香港居宅は生活の本拠たる実体を有していたものといえる。

第3章 最高裁判決にみる税法解釈のあり方 81

③ **原審の判断**

原審は，甲が贈与税回避目的で，国内滞在日数を調整していたことを理由として，住所の判断に当たって滞在日数の多寡を主要な考慮要素とすることを否定する。

しかしながら，一定の場所が住所に当たるか否かは，客観的に生活の本拠たる実体を具備しているか否かによって決すべきものであり，贈与税回避の目的があったとしても，客観的な生活の実体が消滅するものではない。

このことは，相続税法が民法上の概念である「住所」を用いて課税要件を定めていることから導かれる帰結である。あえて国外に長期滞在をするというような方法による贈与税回避を容認することが適当でないというのであれば，立法によって対処すべきものである。

現に，この点については，平成12年度税制改正により所要の立法的措置が講じられているところである。

④ **原審が指摘するその余の事情**

原審が指摘するその余の事情は，甲について本件香港居宅に生活の本拠たる実体があることを否定する要素とはならない。

⑤ **小 括**

以上によれば，甲は，本件贈与を受けた時において，贈与税の課税要件である国内における住所を有していたということはできない。

⑥ **結 論**

したがって，甲は，本件贈与につき，贈与税の納税義務を負うものではなく，本件各処分は違法である。

(1) 補足意見

本判決には，須藤正彦裁判官の補足意見があります（全文は**巻末資料1**参照）。そのうち，法令解釈に関する部分の要旨は，次のとおりです。

① **借用概念**

(i) 相続税法において，自然人の「住所」については，一般的な定義付けがな

されているわけでもないし，所得税法3条（居住者及び非居住者の区分），所得税法施行令14条（国内に住所を有する者と推定する場合），15条（国内に住所を有しない者と推定する場合）などのような特則も置かれていない。国税通則法にも規定がない。

(ii) そうすると，<u>相続税法上の「住所」は，借用概念として，旧民法21条によるべきことになり</u>，したがって，住所とは，反対の解釈をすべき特段の事由がない以上，客観的に生活の本拠たる実体を具備している一定の場所ということになる。

(iii) ところで，本件において，もともと日本国籍を有するAらと甲は，国内に長らく居住し，かつ，本件会社株式も純然たる内国法人の株式であるから，その支配の移転も，本件会社株式自体の贈与契約の締結によって行われる（そして贈与税が課される）ことが直截的で自然の成り行きであったはずである。

しかるところ，当時の法のもとでは，〈1〉本件会社株式を国外財産に転化することと〈2〉甲の住所を国外とさせることとの組合せを経た上で贈与契約がなされれば，親子間の無償かつ無税での財産の支配の移転が実現する。

そして，現に，本件では，甲が香港に出国し，その香港での滞在期間中に，本件会社株式をAらが支配するオランダ法人へ移転するという方法によって，これを国外財産に転化させたといえるから，これは贈与税（ひいては相続税）の負担を回避するためになされたものと認められる。

(iv) もっとも，租税回避の目的があるからといって，客観的な生活の実体は消滅するものではないから，それによって住所が別異に決定付けられるものではない。本件では，住所を，客観的な生活の本拠とは別異に解釈すべき特段の事由は認められないところ，本件贈与当時，甲の生活の本拠が香港にあったことは否定し得ないから，当然，甲の住所が香港であったということも正しいわけである。

(v) なお，甲の国内での生活ぶりからすれば，甲の客観的な生活の本拠は，香港のほかに，いまだ国内にもあったように見えなくもない。とはいうものの，これまでの判例上，民法上の住所は単一であるとされている。しかも，住所が複数あり得るとの考え方は一般的に熟しているとまではいえないから，結

局，香港か東京かのいずれか一つに住所を決定せざるを得ないのである。そうすると，甲の住所は香港であった（つまり，国内にはなかった）とすることはやむを得ないというべきである。

② **租税法律主義と租税回避**

(ⅰ) 一般的な法形式で直截に本件会社株式を贈与すれば課税されるのに，オランダ法人を器とし，暫定的に住所を香港に移しておくという人為的な組合せを実施すれば課税されないというのは，著しい不公平感を免れない。国外に暫定的に滞在しただけといってよい日本国籍の甲は，無償で1,653億円もの莫大な経済的価値を親から承継し，最適な担税力が備わっているということもでき，一般的な法感情の観点から結論だけをみる限りでは，違和感も生じないではない。

(ⅱ) しかし，そうであるからといって，個別否認規定がないにもかかわらず，この租税回避スキームを否認することには，やはり大きな困難を覚えざるを得ない。けだし，<u>租税法律主義のもとで課税要件は明確なものでなければならず，これを規定する条文は厳格な解釈が要求される</u>のである。<u>明確な根拠が認められないのに，安易に拡張解釈，類推解釈，権利濫用法理の適用などの特別の法解釈や特別の事実認定を行って，租税回避の否認をして課税することは許されない</u>というべきである。

(ⅲ) そして，厳格な法条の解釈が求められる以上，解釈論にはおのずから限界があり，法解釈によっては不当な結論が不可避であるならば，立法によって解決を図るのが筋であって（現に，その後，平成12年の租税特別措置法の改正によって立法で決着が付けられた），裁判所としては，立法の領域にまで踏み込むことはできない。後年の新たな立法を遡及して適用して不利な義務を課すことも許されない。

(ⅳ) 結局，租税法律主義という憲法上の要請のもと，法廷意見の結論は，一般的な法感情の観点からは少なからざる違和感も生じないではないけれども，やむを得ないところである。

(2) 租税法の解釈に関する本判決の立場

最判平成29年10月24日民集71巻8号1522頁（本章**第5節**参照）の調査官解説は，

本判決について，「規定の文理を忠実に解釈したもの」（日置［2020］537頁）で
あるとしています。

(3) 判 例

最高裁の先例は，公職選挙法に規定する「住所」の意義について，次のとお
り判示しています。この判示は，本判決においても引用されています。

> **最判昭和29年10月20日民集 8 巻10号1907頁**
> およそ法令において人の住所につき法律上の効果を規定している場合，反対の
> 解釈をなすべき特段の事由のない限り，その<u>住所とは各人の生活の本拠を指すも</u>
> のと解するを相当とする。

(4) 学 説

借用概念については，次のとおり，〈1〉それを本来の法分野におけると同
じ意義に解釈するのが，法的安定性の見地からは好ましいが，〈2〉別意に解
すべきことが租税法規の明文またはその趣旨から明らかな場合は，この限りで
ないといわれています。

> **金子［2021］127頁**
> 借用概念について問題となるのは，それを他の法分野で用いられているのと同
> じ意義に解すべきか，それとも徴収確保ないし公平負担の観点から異なる意義に
> 解すべきかの問題である。・・・わが国では，この点について見解が対立している
> （統一説・独立説・目的適合説の 3 つの見解がある）が，借用概念は他の法分野
> におけると同じ意義に解釈するのが，租税法律主義＝法的安定性の要請に合致し
> ている。すなわち，私法との関連で見ると，納税義務は，各種の経済活動ないし
> 経済現象から生じてくるのであるが，それらの活動ないし現象は，第一次的には
> 私法によって規律されているから，租税法がそれらを課税要件規定の中にとりこ
> むにあたって，私法上におけると同じ概念を用いている場合には，別意に解すべ
> きことが租税法規の明文またはその趣旨から明らかな場合は別として，それを私
> 法上におけると同じ意義に解するのが，法的安定性の見地からは好ましい。その
> 意味で，借用概念は，原則として，本来の法分野におけると同じ意義に解釈すべ
> きであろう・・・。

第3章　最高裁判決にみる税法解釈のあり方　85

本判決については，次のとおり，借用概念（住所）を，本来の法分野（民法）におけると同じ意義に解したものといわれています。

> **金子［2021］128～129頁**
> 　判例も，・・・住所（所税2条1項3号等。最判平成23年2月18日月報59巻3号864頁・・・）・・・等の借用概念について，本来の法分野におけると同じ意義に解して，概念の統一的理解の立場をとっている。
> 　　　　　　　　　　　　　　　　　　（略）
> 　借用概念という言葉は，学問上用いられてきた概念である・・・が，近年は裁判例においても用いられるようになった（最判平成23年2月18日月報59巻3号864頁・・・における須藤正彦裁判官の補足意見・・・参照）。

まとめ

相続税法上，「住所」について，一般的な定義はなく，特則（みなし規定，推定規定）も置かれていません。

そうすると，相続税法上の「住所」は，借用概念として，民法上のそれと同じ意義に解すべきこととなります。

すなわち，相続税法上の「住所」とは，反対の解釈をすべき特段の事由はない以上，客観的に生活の本拠たる実体を具備している一定の場所をいうと解することになります。

ところで，本件において，甲は，贈与税回避のために香港に出国し，国内滞在日数が多くなりすぎないよう滞在日数を調整した結果，約3年半の赴任期間中，約3分の2の日数を香港の居宅に滞在して過ごしたとされています。

このことについて，本判決は，主観的に贈与税回避の目的があったとしても，客観的な生活の実体が消滅するものではないから，上記の目的のもとに各滞在日数を調整していたことをもって，甲について香港に生活の本拠たる実体があることを否定する理由とすることはできないと判断しました。

このことは，相続税法が民法上の概念である「住所」を用いて課税要件を定めていることから導かれる帰結であり，また，租税法律主義のもと，厳格な解釈が行われた結果といえます。

ホステス報酬計算期間事件
―― 規定の文理を忠実に解釈したもの

> ホステスの業務に関する報酬の額が一定の期間ごとに計算されて支払われている場合において，所得税法施行令322条にいう「当該支払金額の計算期間の日数」は，ホステスの実際の稼働日数ではなく，当該期間に含まれるすべての日数を指すとされた事例
> （最判平成22年3月2日民集64巻2号420頁）

事案の概要

(1) パブクラブを経営する甲らは，ホステスに対して半月ごとに支払う報酬に係る源泉所得税を納付するに際し，当該報酬の額から，所得税法（以下「**法**」という）205条2号，所得税法施行令（以下「**施行令**」という）322条所定の控除額として，5,000円に上記半月間の<u>全日数</u>を乗じて計算した金額を控除するなどして，源泉所得税額を計算していた。

(2) これに対して，○○税務署長らは，上記控除額は5,000円にホステスの<u>実際の出勤日数</u>を乗じて計算した金額にとどまるとして，これを基に計算される源泉所得税額と甲らの納付額との差額について，納税の告知および不納付加算税の賦課決定を行った。

(3) そこで，甲らは，これらの処分の取消しを求める訴えを提起した（**図表3－2－1**参照）。

第 3 章　最高裁判決にみる税法解釈のあり方　87

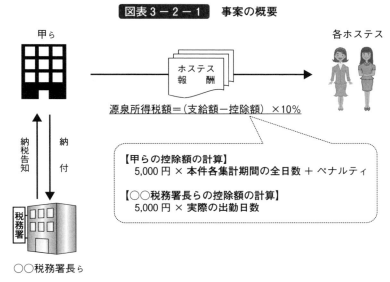

(出所) TAINS／判決速報1178を一部加工

事実関係

(1) 甲らは，それぞれ経営するパブクラブにおいて，顧客に対し，接待をして遊興または飲食をさせており，その接待をさせるホステスを使用している。甲らは，年末年始を除き，年中無休でパブクラブを開けて営業している。

(2) 甲らは，各ホステスが採用時に提出した応募申込書に記載された出勤可能な曜日および時間を目安に，各営業日の開店前までに，各ホステスに対して当日の出勤の可否を電話等で確認するなどして，ホステスの必要人数を確保しており，各ホステスの実際の出勤の有無についても，各人別に各日ごとに管理している。

(3)ア　甲らは，毎月1日から15日まで[4]および毎月16日から月末まで[5]をそれぞれ1期間と定め（以下，各々の期間を「**本件各集計期間**」という），本件各

---

[4] 毎年1月は3日から15日まで
[5] 毎年12月は16日から30日まで

集計期間ごとに各ホステスの報酬の額を計算し，毎月1日から15日までの報酬を原則としてその月の25日に，16日から月末までの報酬を原則として翌月の10日に，各ホステスに対してそれぞれ支払っている。

イ　甲らは，各ホステスに対して支払う報酬の額について，「1時間当たりの報酬額」[6]に「勤務した時間数」[7]を乗じて計算した額に，「手当」[8]の額を加算して算出している。

| ホステス報酬の額 | ＝ | 1時間当たりの報酬額 | × | 勤務した時間数 | ＋ | 手当 |

ウ　甲らは，それぞれ，上記イのとおり算出した各ホステスの報酬の額から，5,000円に本件各集計期間の<u>全日数</u>を乗じて計算した金額および「ペナルティ」[9]の額を控除した残額に100分の10の税率を乗じて各月分の源泉所得税額を算出し，その金額に近似する額を各法定納期限までに納付していた。

$$源泉所得税額 = \left\{ \substack{\text{ホステス}\\\text{報酬の額}} - \left(5,000円 \times \substack{\text{本件各集計}\\\text{期間の全日数}} + \text{ペナルティ} \right) \right\} \times 10\%$$

(4)　○○税務署長らは，各ホステスの本件各集計期間中の<u>実際の出勤日数</u>が施行令322条の「当該支払金額の計算期間の日数」に該当するとして，次の各処分を行った。

①　○○税務署長において，平成15年7月8日付けで甲に対し，平成12年2月分から平成14年12月分までの各月分の源泉所得税について，納税の告知および不納付加算税の賦課決定を行った。

②　○○○税務署長において，平成15年6月30日付けで乙に対し，平成12年4月分から平成14年12月分までの各月分の源泉所得税について，納税の告知および不納付加算税の賦課決定を行った。

---

[6]　本件各集計期間における指名回数等に応じて各ホステスごとに定まる額
[7]　本件各集計期間における勤務時間数の合計
[8]　本件各集計期間における同伴出勤の回数に応じて支給される同伴手当等
[9]　各ホステスが欠勤，遅刻等をした場合に「罰金」として報酬の額から差し引かれるもの

第3章　最高裁判決にみる税法解釈のあり方　89

　なお，○○税務署長らは，本件訴訟において，上記の点に加え，ペナルティの額を各ホステスの報酬の額から控除することはできない旨の主張をしている[10]。

関係法令等（当時）

(1)　パブクラブを経営する者がホステスに報酬（以下「**ホステス報酬**」という）を支払う場合，その支払金額から「政令で定める金額」を控除した残額に100分の10の税率を乗じて計算した金額が納付すべき源泉所得税の額となる（法204条1項，205条2号）。

(2)　施行令322条は，上記の「政令で定める金額」を，「同一人に対し1回に支払われる金額」につき，「5,000円に当該支払金額の計算期間の日数を乗じて計算した金額」とする旨規定している。

東京高裁（原審）の判断

(1)　ホステス等の個人事業者の場合，その所得の金額は，その年中の事業所得に係る総収入金額から必要経費を控除した金額（法27条2項）であるから，源泉徴収においても，「同一人に対し1回に支払われる金額」から可能な限り実際の必要経費に近似する額を控除することが，ホステス報酬に係る源泉徴収制度における基礎控除方式の趣旨に合致する。

(2)　本件のように，報酬の算定要素となるのが実際の出勤日における勤務時間である場合には，当該出勤日についてのみ稼働に伴う必要経費が発生すると捉えることが自然であって，これによるのが，非出勤日をも含めた本件各集計期間の全日について必要経費が発生すると仮定した場合よりも，実際の必要経費の額に近似することになる。

(3)　施行令322条の「当該支払金額の計算期間の日数」とは，「同一人に対し1

---

[10]　この点については，重要でないとして，上告受理の決定において排斥された（鎌野[2014] 125頁）。ペナルティの額を各ホステスの報酬の額から控除することはできないとする控訴審の判断が維持されたものである。

回に支払われる金額」の計算要素となった期間の日数を指すものというべきである。そして，本件における契約関係を前提とした場合，各ホステスに係る施行令322条の「当該支払金額の計算期間の日数」とは，本件各集計期間の日数ではなく，実際の出勤日数であるということができる。

(4) したがって，甲らの請求をいずれも棄却すべきである。

最高裁の判断

結　果　破棄差戻し（訴え取下げにより終了）

① 一般に，「期間」とは，ある時点から他の時点までの時間的隔たりといった，時的連続性を持った概念であると解されているから，施行令322条にいう「当該支払金額の計算期間」も，当該支払金額の計算の基礎となった期間の初日から末日までという時的連続性を持った概念であると解するのが自然であり，これと異なる解釈を採るべき根拠となる規定は見当たらない。

② 原審は，上記…のとおり判示するが，租税法規はみだりに規定の文言を離れて解釈すべきものではなく，原審のような解釈を採ることは，上記のとおり，文言上困難であるのみならず，ホステス報酬に係る源泉徴収制度において基礎控除方式が採られた趣旨は，できる限り源泉所得税額に係る還付の手数を省くことにあったことが，立法担当者の説明等からうかがわれるところであり，この点からみても，原審のような解釈は採用し難い。

③ そうすると，ホステス報酬の額が一定の期間ごとに計算されて支払われている場合においては，施行令322条にいう「当該支払金額の計算期間の日数」は，ホステスの実際の稼働日数ではなく，当該期間に含まれるすべての日数を指すものと解するのが相当である。

④ 前記事実関係によれば，甲らは，本件各集計期間ごとに，各ホステスに対して1回に支払う報酬の額を計算してこれを支払っているというのであるから，本件においては，上記の「当該支払金額の計算期間の日数」は，本件各集計期間の全日数となるものというべきである。

⑤ 以上と異なる原審の判断には，判決に影響を及ぼすことが明らかな法令の違反がある。論旨は理由があり，原判決は破棄を免れない。

第3章　最高裁判決にみる税法解釈のあり方　　91

解　説

本判決の骨子

①　「期間」の一般的な意義に基づく文理解釈

　「期間」は，時的連続性を持った概念と解されているから，「当該支払金額の計算期間」（施行令322条）は，計算期間の初日から末日までと解するのが自然である。

②　文理解釈の原則と趣旨解釈

　租税法規はみだりに規定の文言を離れて解釈すべきものではない。原審のように「当該支払金額の計算期間の日数」を実際の出勤日数と解することは，文言上困難である。

　ホステス報酬の源泉徴収制度の趣旨（源泉徴収義務者の負担を軽減し，課税庁における源泉徴収税額の還付の手数を省くこと）からみても，原審のような解釈は採用し難い。

③　小　括

　ホステス報酬の額が一定期間ごとに計算されて支払われている場合，「当該支払金額の計算期間の日数」は，当該期間に含まれる<u>全日数</u>を指すものと解される。

④　本件への当てはめ

　甲らは，本件各集計期間ごとに，ホステス報酬の額を計算して支払っているから，「当該支払金額の計算期間の日数」は，本件各集計期間の<u>全日数</u>となる。

⑤　結　論

　以上の判断と異なる原判決は，破棄を免れない。

(1)　ホステス報酬についての源泉徴収の立法経緯

　ホステス報酬についての源泉徴収の立法経緯は，次のとおりです（鎌野［2014］133〜134頁）。

①　ホステス報酬については，昭和42年度の税制改正において，源泉徴収の対

象とされた。

② もともと，所定の報酬等についての源泉徴収に関しては，その支払金額が一定限度以下である場合には源泉徴収を要しないこととする方式（免税点方式）が採用されていた。しかし，この方式では，支払額が限度を若干でも超えると全額について源泉徴収が行われることになり，還付の手数を省略しようとする本来の趣旨の徹底を欠くきらいがあった。

③ そこで，昭和42年度の税制改正において，徹底を図る見地から一定の金額を控除した残額に対し税率を適用して源泉徴収する方式（基礎控除方式）に改め，できる限り源泉徴収税額の還付の手数を省くことになった。ホステス報酬等を対象とする源泉徴収については初めからこの方式によることとされた。

(2) 本判決の調査官解説

最高裁が，施行令322条にいう「当該支払金額の計算期間の日数」は，当該期間に含まれるすべての日数を指すとした，その判断の過程は，次のとおりです（鎌野［2014］134〜140頁）。

① 租税法の解釈

租税法の解釈は原則として文理解釈によるべきであり，みだりに拡張解釈や類推解釈を行うことは許されないと解されている。

とりわけ，源泉所得税は，支払者が，税額を法令に基づいて自ら算出し，これを支払額から徴収して国に納付するものであることからすると，課税要件が一義的に明確なものである必要性はより大きいものと考えられる。

② 「当該支払金額の計算期間の日数」の文理解釈

まず，「当該支払金額の計算期間の日数」（施行令322条）とは，同条の規定からみて，「同一人に対し1回に支払われる金額の計算期間の日数」を意味すると考えられる。

次に，「期間」の意義については，一般に，時的連続性を持った概念であると解されているから，「（当該支払金額の）計算期間」も，時的連続性を持った概念と解するのが自然である。そして，「期間の日数」といった場合，具体的に限定がされない限り，かかる時間的隔たりに含まれる日数のすべてを含むと

解するのが通常である。

そうすると，ホステス報酬の額が一定の期間ごとに計算されて支払われている場合においては，上記の「当該支払金額の計算期間の日数」は，当該期間に含まれるすべての日数を指すものと解するのが文言上素直な解釈であると考えられる。

③　規定の趣旨目的からみた検討

文理解釈により規定の意味内容を明らかにすることが可能であっても，その帰結が明らかに不合理である場合には，規定の趣旨目的に照らして合理的な解釈を導き出すことが可能かどうかを検討すべきであるとする見解もあり得ないではない。

この点，基礎控除制度が導入された主な目的は，少額所得の不追及や徴収義務者の負担の緩和等を考慮し，還付の手数を省くことにあったものと解される。

そして，基礎控除制度の趣旨をこのように解するとすれば，文理解釈の帰結（上記②）が一概に不合理であるとまではいえず，むしろ，源泉徴収義務者の負担を軽減し還付の手数を省くという制度の趣旨に沿うものであると考えられる。

④　本件における各ホステスの稼働実態からみた検討

各ホステスは，あくまで甲らとの継続的な契約に基づいて出勤し，稼働しているものであって，甲らとの間で，出勤日ごとに新たな契約を締結し直しているような実態にあるとは認め難い。

したがって，「当該支払金額の計算期間の日数」（施行令322条）は，ホステスの実際の稼働日数を指すと解することも困難であろう。

⑤　小　括

以上によれば，ホステスの業務に関する報酬の額が一定の期間ごとに計算されて支払われている場合において，「当該支払金額の計算期間の日数」（施行令322条）は，当該期間に含まれるすべての日数を指すと解するのが相当である。

とりわけ，源泉所得税については，その算出の過程が一義的に明白であることが要請されるのであるから，法の委任を受けた行政庁としては，その計算方法につき政令において明確に規定すべきであり，施行令322条の規定についても，そのような明確な定めがされたものとして，文言の文理に即した解釈をすべきものと思われる。

(3) 租税法の解釈に関する本判決の立場

最判平成29年10月24日民集71巻8号1522頁（本章**第5節**参照）の調査官解説は，本判決について，「規定の文理を忠実に解釈したもの」（日置［2020］537頁）であるとしています。

(4) 学 説

金子［2014］は，本判決について，〈1〉「租税法の解釈は文理解釈を基本とする」という考え方を採用した非常に重要な判決である，〈2〉文理解釈の結論が立法趣旨にも合致することを確認している点が注目される，としています。

> **金子［2014］6頁**
> この判決は，租税法の解釈は原則として文理解釈によるべきであるという考え方を採用した判決として非常に重要な判決であり，租税法律主義の下における法的安定性と予測可能性の確保の必要性にかんがみ，妥当な判決であると考える。なお，この判決について注目されることは，文理解釈に併せて規定の立法趣旨にも論及して，文理解釈の結論が立法趣旨にも合致することを確認していることである。

また，今村［2019］も，本判決について，「施行令322条の『期間』の意義が明確であるとしつつも，なお，立法趣旨による検証もしている判例であり，…plain meaning ruleではない」（同30頁）[11]としています。

(5) 借用概念論

私法上，「期間」については，民法第1編第6章（138条〜143条）に定めが置かれています。

しかし，本判決は，施行令322条に定める「期間」の意義について，借用概念の解釈問題として特に判断しているわけではありません（岩﨑［2012］210頁）。

---

[11] plain meaning ruleとは，「文言が明確であれば文言だけで解釈し，立法趣旨による解釈が許されるのは文言が曖昧な場合に限るとする考え方」（今村［2019］29頁）をいいます。

第3章　最高裁判決にみる税法解釈のあり方　　95

まとめ

　租税法の解釈は，原則として文理解釈によるべきで，みだりに拡張解釈や類推解釈を行うことは許されません（金子［2021］123頁）。

　本判決は，「期間」の一般的な意義に基づく文理解釈によって，「当該支払金額の計算期間の日数」のあるべき解釈を導きつつ，その解釈の帰結が，ホステス報酬の源泉徴収制度の趣旨に照らして，不合理ではない（むしろ，その趣旨に沿うものである）ことを確認しています。

第3節 自動車用燃料事件
──規定の趣旨目的に照らして文理を解釈したもの

> 地方税法700条の3第3項にいう「炭化水素とその他の物との混合物」とは，炭化水素を主成分とする混合物に限らず，広く炭化水素とその他の物質とを混合した物質をいうとされた事例
> （最判平成18年6月19日集民220号539頁）

事案の概要

(1) ○○都税事務所長は，甲社が販売したXという名称の自動車用燃料[12]が，地方税法700条の3第3項所定の炭化水素油のうち，「炭化水素とその他の物との混合物」に当たるとして，同社に対して，軽油引取税決定処分および不申告加算金賦課決定処分を行った。

(2) そこで，甲社は，「Xは『炭化水素とその他の物との混合物』には当たらず，したがって，上記処分は違法である」などと主張して，その取消しを求める訴えを提起した。

---

[12] 以下，判決・文献の引用においては，甲社が販売した自動車用燃料の名称を「X」に置き換える。

第 3 章　最高裁判決にみる税法解釈のあり方　　97

事実関係

(1)①　甲社は，石油製品の仕入れ，販売，自動車部品，用品の販売および管理
　　　などを目的とする会社であり，以下の(i)〜(iii)の店舗（以下，まとめて「**本
　　　件 3 店舗**」という）は，いずれも，甲社が，Ｘという名称の自動車用燃料
　　　（以下「**本件燃料**」という）の販売を主たる目的として経営する販売店であ
　　　る。
　　(i)　東京都○○市所在の「Ａ」
　　(ii)　東京都○○市所在の「Ｂ」
　　(iii)　東京都○○市所在の「Ｃ」
　②　　○○都税事務所長は，東京都の 1 機関であり，東京都都税条例 4 条の 3
　　　に基づき，東京都知事から○○地区における軽油引取税等に関する課税処
　　　分権限を委任されている。

(2)　本件燃料は，Ｙ社が平成11年 1 月ころから販売し始めたもので，天然ガス
　　などが原料であって炭化水素化合物とアルコール系化合物等を成分とし， 1
　　気圧において温度15度で液状を呈するが，比重は軽油よりも軽くガソリンと
　　同程度であって，炭化水素化合物の含有割合は50％に達していない。
　　　　○○都税事務所長が平成12年 2 月23日に，本件 3 店舗から採取した本件燃
　　料についての炭化水素化合物の含有割合は，それぞれ46.8％（Ａ分），45.9％
　　（Ｂ分），46.7％（Ｃ分）であり，同年 6 月15日に再度採取したものについて
　　の含有割合は，33.7％（Ａ，Ｂ分），33.8％（Ｃ分）であった（**図表 3 - 3 - 1**
　　参照）。

(3)　甲社は，本件燃料が，軽油引取税の課税対象となる軽油にも燃料炭化水素
　　油にも当たらないとの見解のもとに，本件燃料の販売や自己使用について軽
　　油引取税の申告を行わなかった。
　　　　これに対し，○○都税事務所長は，本件燃料は，地方税法700条の 3 第 3
　　項所定の「炭化水素油」に含まれるべき「炭化水素とその他の物との混合
　　物」に当たり，軽油引取税の課税対象になるとの見解のもとに，**図表 3 - 3
　　- 2** のとおり，各期間の販売量（自己消費量を含む）に対する決定処分（以下，
　　これらを併せて「**本件各処分**」という）を行った[13]。

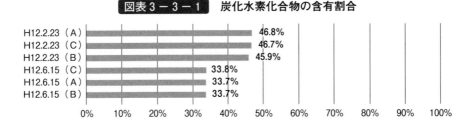

処分年月日	対象販売量	処分内容
平成12年6月30日	平成12年3月および4月の販売量（自己消費量を含む）	軽油引取税決定処分および不申告加算金賦課決定処分
平成12年8月4日	平成12年5月の販売量（自己消費量を含む）	同　上
平成12年9月29日	平成12年6月の販売量（自己消費量を含む）	同　上

関係法令等（当時）

(1)① 地方税法700条の2第1項1号は，「軽油」とは，「温度15度において0.8017をこえ，0.8762に達するまでの比重を有する炭化水素油をいい，政令で定める規格の炭化水素油を含まないものとする。」と定めている。

② 地方税法700条の3第1項において，軽油引取税は，特約業者または元売業者からの軽油の引取りで当該引取りに係る軽油の現実の納入を伴うものに対し，その数量を課税標準として，当該軽油の納入地所在の道府県において，その引取りを行う者に課する旨が定められている。

(2)① 地方税法700条の3第3項は，軽油引取税は，上記の場合のほか，「特約業者又は元売業者が炭化水素油（炭化水素とその他の物との混合物又は単一

⒀　本件で問題となっている平成12年3月ないし6月における本件燃料の販売量の中には，軽自動車，二輪自動車，原動機付自転車用の燃料として販売されたものも含まれている。

の炭化水素で，1気圧において温度15度で液状であるものを含む。以下同じ。）
で軽油又は揮発油（揮発油税法2条1号に規定する揮発油（同法6条において
揮発油とみなされるものを含む。）をいう。以下同じ。）以外のもの（同法16条
又は16条の2に規定する揮発油のうち灯油に該当するものを含む。以下本節に
おいて『**燃料炭化水素油**』という。）を自動車の内燃機関の燃料として販売
した場合においては」[14]，その販売量を課税標準として，当該特約業者ま
たは元売業者の事業所所在の道府県において，当該特約業者または元売業
者に課する旨を定めている。

② 地方税法700条の3第4項は，軽油引取税は，以上の場合のほか，特約
業者または元売業者以外の石油製品の販売業者（以下「**石油製品販売業者**」
という）が，軽油に軽油以外の炭化水素油を混和し，もしくは軽油以外の
炭化水素油と軽油以外の炭化水素油を混和して製造された軽油を販売した
場合または燃料炭化水素油を自動車の内燃機関の燃料として販売した場合
においては，その販売量を課税標準として，当該石油製品販売業者の事業
所所在の道府県において，当該石油製品販売業者に課する旨を定めている。

③ 地方税法700条の3第5項は，軽油引取税は，以上の場合のほか，自動
車の保有者が炭化水素油を自動車の内燃機関の燃料として消費した場合に
おいては，当該炭化水素油の消費に対し，消費量[15]を課税標準として，
当該自動車の主たる定置場所所在の道府県において，当該自動車の保有者
に課する旨を定めている。

(3) 地方税法2条2項は，この法律中道府県に関する規定は都に準用すると規
定し，また，同法735条1項は，都も目的税としての軽油引取税を課するこ
とができると規定している（以上につき，**図表3－3－3**，**図表3－3－4**参
照）。

---

[14] 「　」内の記載につき，かっこ書を省略して骨子を示すと，「特約業者又は元売業者が炭
化水素油…で軽油又は揮発油…以外のもの…を自動車の内燃機関の燃料として販売し
た場合においては」となる。

[15] 既に軽油引取税または揮発油税が課され，または課されるべき軽油，燃料炭化水素油，
揮発油の量を控除した量

図表3－3－3　軽油引取税の概要

1．課税主体	都道府県
2．課税客体	元売業者又は特約業者からの軽油の引取りで，当該軽油の現実の納入を伴うもの
3．納税義務者	元売業者又は特約業者から現実の納入を伴う軽油の引取りを行う者
4．課税標準	軽油の数量
5．税率	一定の税率 1キロリットルにつき32,100円（当分の間。本則は1キロリットルにつき15,000円）
6．交付金	指定市を包括する道府県は，軽油引取税の税収の90％について，その道府県及び指定市がそれぞれ管理する一般国道及び道府県道の面積等に基づいてあん分した上で，指定市に交付

（出所）総務省HP「軽油引取税」（2024年10月現在）

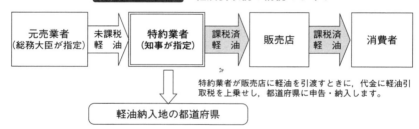

図表3－3－4　軽油引取税の納税のしくみ

（出所）長野県HP「軽油引取税について」（2024年10月現在）

最高裁の判断

結　果　棄却

① 地方税法（平成16年法律第17号による改正前のもの）700条の3及び東京都都税条例（昭和25年東京都条例第56号）103条の2は，所定の炭化水素油の販売等を軽油引取税の課税の対象としているところ，同法700条の3第3項及び同条例103条の2第4項（以下，これらの規定を併せて「**本件各規定**」とい

う。）は，上記の炭化水素油について，「炭化水素とその他の物との混合物又は単一の炭化水素で，１気圧において温度15度で液状であるものを含む。」と規定している。

② 軽油引取税は，本来，軽油を燃料とする自動車の利用者が道路整備の受益者であることから，道路に関する費用に充てることを目的として軽油の引取りを課税の対象とするものであったところ，本件各規定は，軽油以外の「炭化水素とその他の物との混合物」であっても自動車の内燃機関の燃料とされるものについては，その販売等を軽油引取税の課税の対象とすることによって税負担の公平を図ろうとしたものである。

③ このような本件各規定の趣旨やその文理に照らせば，本件各規定にいう「炭化水素とその他の物との混合物」とは，炭化水素を主成分とする混合物に限らず，広く炭化水素とその他の物質とを混合した物質をいうものと解するのが相当である。

④ 原審の適法に確定した事実関係によれば，甲社の販売及び消費に係るＸという名称の自動車用燃料は，炭化水素，アルコール系化合物等を成分とするものであり，○○都税事務所長が採取した試料における炭化水素の含有割合は33.7％ないし46.8％であったというのである。

⑤ そうすると，上記燃料が本件各規定にいう「炭化水素とその他の物との混合物」に当たることは明らかである。これと同旨の原審の判断は正当として是認することができる。

解説

本判決の骨子

① 関係法令

その販売等が軽油引取税の課税対象となる炭化水素油について，本件各規定は，「炭化水素とその他の物との混合物…」と規定している。

② 炭化水素油を課税の対象とする趣旨

軽油引取税は，本来，自動車の利用者が受益者となる道路整備費用を賄うために，軽油の引取りを課税対象とするものであったが，本件各規定は，軽油以外の「炭化水素とその他の物との混合物」であっても自動

車燃料とされるものについては課税対象とすることで，税負担の公平を図るものである。

③　「炭化水素とその他の物との混合物」の解釈

本件各規定の趣旨や文理に照らせば，「炭化水素とその他の物との混合物」は，炭化水素を主成分とする混合物に限らず，広く炭化水素とその他の物質とを混合した物質をいうものと解される。

④　確定した事実関係

Xの炭化水素の含有割合は，都税事務所長が採取した試料では，33.7％〜46.8％であった。

⑤　本件への当てはめ

Xが本件各規定にいう「炭化水素とその他の物との混合物」に当たることは明らかである。

(1)　軽油引取税に係る主な改正の経緯

軽油引取税に係る主な改正の経緯は，次のとおりです（判タ［2006］213頁）。

①　当　初

地方税法所定の軽油引取税は，当初は軽油の引取りのみを課税の対象とするものであった。

②　昭和33年法律第54号による改正

税負担の公平の見地から，自動車の保有者が軽油および揮発油以外の炭化水素油を自動車の内燃機関の燃料として消費した場合にも課税することとされた。

③　昭和45年法律第24号による改正

その後，灯油等の炭化水素油にメタノールなど炭化水素以外の物を相当量混和した「安全燃料」などと呼ばれるものが自動車の内燃機関の燃料として販売された。

そこで，上記の「炭化水素油」について「炭化水素とその他の物との混合物（中略）を含む。」とする規定が追加された。

④　平成元年法律第14号による改正

炭化水素油を販売した場合にも課税することとされた。

(2) 租税法の解釈に関する本判決の立場

最判平成29年10月24日民集71巻8号1522頁（本章**第5節**参照）の調査官解説は，本判決について，「規定の趣旨目的に照らして文理を解釈したもの」（日置［2020］537頁）であるとしています。

(3) 学　説

金子［2014］は，本判決について，次のとおり，「文理に反するものではなく，また拡大解釈でも類推解釈でもなく，趣旨解釈として筋の通った妥当な判決である」（同10〜11頁）としています。

金子［2014］10〜11頁

この判決は，軽油引取税の課税の根拠，炭化水素油を課税の対象としていることの趣旨・目的等に照らして，Xは炭化水素油に当たる旨を判示しており，文理に反するものではなく，また拡大解釈でも類推解釈でもなく，趣旨解釈として筋の通った妥当な判決であると考える。

また，中里［2009］は，本判決について，次のとおり，「課税を根拠付けるのに単に文言のみに依拠しなかった」，「軽油引取税の課税趣旨から導かれる課税の公平の確保の観点から，…『炭化水素とその他の物との混合物』…は，…『広く炭化水素とその他の物質とを混合した物質をいう』という解釈を採用した」（同47頁）としています。

中里［2009］47頁

本件で重要なのは，最高裁が課税を根拠付けるのに単に文言のみに依拠しなかったという点であろう。文言の表面のみに依拠するのであれば「炭化水素とその他の物との混合物」が，「炭化水素を主成分とする混合物に限らず，広く炭化水素とその他の物質とを混合した物質をいうものと解する」ことは，前述のようにむしろ当然のことと考えられるからである。そこを，最高裁は，軽油引取税の課税趣旨から導かれる課税の公平の確保の観点から，軽油以外の「炭化水素とその他の物との混合物」であっても，「自動車の内燃機関の燃料とされるもの」については，地方税法700条の3（及び東京都都税条例103条の2）は，「その販売等を軽油引取税の課税の対象とすることによって税負担の公平を図ろうとしたもの

である」として，それは，「炭化水素を主成分とする混合物」に限られるという解釈を排斥して，「広く炭化水素とその他の物質とを混合した物質をいう」という解釈を採用したのである。

まとめ

　本件各規定は，その文言だけを捉えれば，次のような考え方も成り立ち得るところ（中里［2009］46頁），次の①の考え方によっても，本判決と同様の結論を導くことはできたであろうと思われます。
　①　「炭化水素とその他の物との混合物」は，混合比率については触れていないから，広く炭化水素とその他の物質とを混合した物質をいうものと解される。
　②　「炭化水素とその他の物との混合物」という表現で，「炭化水素」を前面に出している以上，それを主成分とする混合物を意味するものと解される。
　しかし，本判決は，〈1〉文理については，本件各規定を引用するにとどめ，上記①のような「形式論理」（中里［2009］47頁）をとることなく，また，〈2〉趣旨については，軽油以外の「炭化水素とその他の物との混合物」の販売等が課税の対象とされるに至った経緯に言及した上で，「このような本件各規定の趣旨やその文理に照らせば」，本判決のような結論が導かれるとしたものです。

第4節 養老保険事件
――規定の趣旨目的に照らして文理を解釈したもの

> 会社が保険料を支払った養老保険契約に係る満期保険金を当該会社の代表者らが受け取った場合において，上記満期保険金に係る当該代表者らの一時所得の金額の計算上，上記保険料のうち当該会社における保険料として損金経理がされた部分が所得税法34条2項にいう「その収入を得るために支出した金額」に当たらないとされた事例
> （最判平成24年1月13日民集66巻1号1頁）

事案の概要

(1) 甲らは，自身らの経営する会社が契約者となり保険料を支払った養老保険契約[16]に基づいて，満期保険金の支払を受けた。

(2) 一時所得の計算上，総収入金額から「その収入を得るために支出した金額」（所得税法34条2項）を控除し得るところ，甲らは，満期保険金の金額を一時所得に係る総収入金額に算入した上で，会社の支払った保険料の全額が「その収入を得るために支出した金額」に当たるとして，所得税（平成13年分から平成15年分まで）の確定申告をした。

---

[16] 被保険者が保険期間内に死亡した場合には死亡保険金が支払われ，保険期間満了まで生存していた場合には満期保険金が支払われる生命保険契約をいう。以下同じ。

(3) 所轄税務署長は，保険料のうちその2分の1に相当する部分（甲らに対する貸付金として経理処理がされた部分）以外は「その収入を得るために支出した金額」に当たらないとして，更正処分および過少申告加算税賦課決定処分を行った。

(4) そこで，甲らは，上記各処分（更正処分については申告額を超える部分）の取消しを求める訴えを提起した（図表3－4－1参照）。

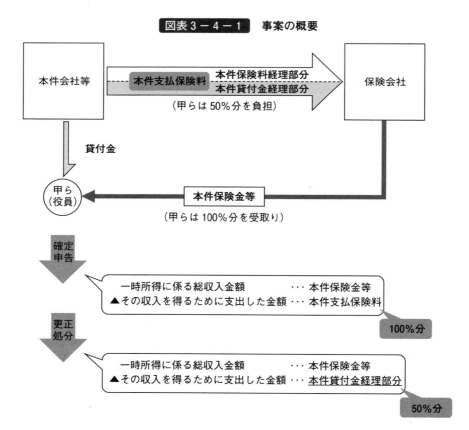

図表3－4－1　事案の概要

第 3 章　最高裁判決にみる税法解釈のあり方　　107

事実関係

(1)　甲らは，株式会社Ａおよび株式会社Ｂ（以下，両社を併せて「**本件会社等**」
　　という）の代表取締役または取締役等としてその経営をしてきた者である。
(2)　本件会社等は，平成 8 年から平成10年にかけて，生命保険会社との間で，
　　以下の①〜④の内容の複数の養老保険契約（以下「**本件各契約**」という）を締
　　結した。
　　①　被保険者：甲らまたはその親族
　　②　保険期間：3 年または 5 年
　　③　被保険者が満期前に死亡した場合の死亡保険金の受取人：本件会社等
　　④　被保険者が満期日まで生存した場合の満期保険金の受取人：甲ら
(3)　本件会社等は，本件各契約に基づき，同各契約に係る保険料（以下「**本件
　　支払保険料**」という）を支払ったが，うち 2 分の 1 の部分については，本件
　　会社等において甲らに対する貸付金として経理処理がされた（以下，当該部
　　分を「**本件貸付金経理部分**」という）。他方，その余の部分については，本件
　　会社等において保険料として損金経理がされた（以下，当該部分を「**本件保険
　　料経理部分**」という）。
(4)　平成13年から平成15年の間に順次到来した本件各契約の各満期日において，
　　いずれも被保険者が生存していたため，甲らは，満期保険金および割増保険
　　金（以下「**本件保険金等**」という）の支払を受けた。
(5)　甲らは，平成13年分から平成15年分までの所得税につき，本件保険金等の
　　金額を一時所得に係る総収入金額に算入した上で，<u>本件支払保険料の全額が</u>，
　　所得税法34条 2 項にいう<u>「その収入を得るために支出した金額」に当たり</u>，
　　一時所得の金額の計算上控除し得るとして確定申告書を各所轄税務署長に提
　　出した。
　　　これに対し，各所轄税務署長は，<u>本件支払保険料のうち本件保険料経理部
　　分はこれに当たらず</u>，一時所得の金額の計算上控除できないなどとして，更
　　正処分および過少申告加算税賦課決定処分をした（以下，前者を「**本件各更正
　　処分**」といい，後者を「**本件各賦課決定処分**」という）。
(6)　甲らは，上記各処分を不服として，各所轄税務署長に対する異議申立てを

したが，これを棄却する旨の決定がされ，国税不服審判所長に対する審査請
求についても，これを棄却する旨の裁決がされたことから，本件各更正処分
のうち申告額を超える部分および本件各賦課決定処分の取消しを求めて，本
訴を提起した。

関係法令等（当時）

(1)　所得税法34条2項は，一時所得の金額は，その年中の一時所得に係る総収
入金額からその収入を得るために支出した金額（その収入を生じた行為をする
ため，またはその収入を生じた原因の発生に伴い直接要した金額に限る）の合計
額を控除し，その残額から所定の特別控除額を控除した金額とすると定めて
いる。

(2)　所得税法施行令183条2項2号は，生命保険契約等に基づく一時金に係る
一時所得の金額の計算について，当該生命保険契約等に係る保険料または掛
金の総額は，その年分の一時所得の金額の計算上，支出した金額に算入する
と定める一方で，同号イないしニにおいて，当該支出した金額に総額を算入
しない掛金等を列挙しているが，その列挙された掛金等の中に，養老保険契
約に係る保険料は含まれていない。

(3)　所得税基本通達 [17] 34－4は，その本文（注以外の部分）において，所得税
法施行令183条2項2号に規定する保険料または掛金の総額には，その一時
金の支払を受ける者以外の者が負担した保険料または掛金の額（これらの金
額のうち，相続税法の規定により相続，遺贈または贈与により取得したものとみ
なされる一時金に係る部分の金額を除く）も含まれる旨を定め，その注におい
て，使用者が役員または使用人のために負担した保険料または掛金でその者
につきその月中に負担する金額の合計額が300円以下であるために給与等と
して課税されなかったものの額は，同号に規定する保険料または掛金の総額
に含まれる旨を定めている（**図表3－4－2**参照）。

---

(17)　昭和45年7月1日付直審（所）30（例規）

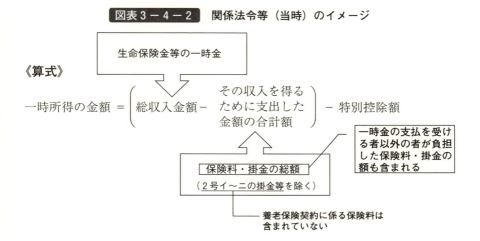

図表３－４－２　関係法令等（当時）のイメージ

福岡高裁（原審）の判断

〈１〉所得税法34条２項の文言だけからは，同項にいう「その収入を得るために支出した金額」として控除できるのが所得者本人が負担した金額に限られるか否かは明らかでなく，〈２〉所得税法施行令183条２項２号本文が保険料または掛金の「総額」を控除できるものと定め，〈３〉所得税基本通達34－４が同号に規定する保険料または掛金の総額には一時金の支払を受ける者以外の者が負担した保険料または掛金の額も含まれるとしていることからすると，本件保険料経理部分も「その収入を得るために支出した金額」に当たり，一時所得の金額の計算上控除できるから，甲らの請求をすべて認容すべきである。

最高裁の判断

結　果　一部破棄自判，一部破棄差戻し

① 所得税法は，23条ないし35条において，所得をその源泉ないし性質によって10種類に分類し，それぞれについて所得金額の計算方法を定めているところ，

これらの計算方法は，個人の収入のうちその者の担税力を増加させる利得に当たる部分を所得とする趣旨に出たものと解される。

② 一時所得についてその所得金額の計算方法を定めた同法34条2項もまた，一時所得に係る収入を得た個人の担税力に応じた課税を図る趣旨のものであり，同項が「その収入を得るために支出した金額」を一時所得の金額の計算上控除するとしたのは，一時所得に係る収入のうちこのような支出額に相当する部分が上記個人の担税力を増加させるものではないことを考慮したものと解されるから，ここにいう「支出した金額」とは，一時所得に係る収入を得た個人が自ら負担して支出したものといえる金額をいうと解するのが上記の趣旨にかなうものである。

③ また，同項の「その収入を得るために支出した金額」という文言も，収入を得る主体と支出をする主体が同一であることを前提としたものというべきである。

④ したがって，一時所得に係る支出が所得税法34条2項にいう「その収入を得るために支出した金額」に該当するためには，それが当該収入を得た個人において自ら負担して支出したものといえる場合でなければならないと解するのが相当である。

⑤ なお，所得税法施行令183条2項2号についても，以上の理解と整合的に解釈されるべきものであり，同号が一時所得の金額の計算において支出した金額に算入すると定める「保険料…の総額」とは，保険金の支払を受けた者が自ら負担して支出したものといえる金額をいうと解すべきであって，同号が，このようにいえない保険料まで上記金額に算入し得る旨を定めたものということはできない。所得税法基本通達（ママ）34－4も，以上の解釈を妨げるものではない。

⑥ これを本件についてみるに，本件支払保険料は，本件各契約の契約者である本件会社等から生命保険会社に対して支払われたものであるが，そのうち2分の1に相当する本件貸付金経理部分については，本件会社等において甲らに対する貸付金として経理処理がされる一方で，その余の本件保険料経理部分については，本件会社等において保険料として損金経理がされている。

⑦ これらの経理処理は，本件各契約において，本件支払保険料のうち2分の1の部分が甲らが支払を受けるべき満期保険金の原資となり，その余の部分が本件会社等が支払を受けるべき死亡保険金の原資となるとの前提でされたものと解され，甲らの経営する本件会社等においてこのような経理処理が現にされていた以上，本件各契約においてこれと異なる原資の割合が前提とされていたと

第3章　最高裁判決にみる税法解釈のあり方　　111

は解し難い。

⑧　そして，前者の原資として支払われた部分については，甲らが本件会社等に
これに相当する額を返済すべきものとする趣旨で，甲らに対する貸付金として
経理処理がされる一方で，後者の原資として支払われた部分については，その
支払により当該部分に対応する利益である死亡保険金につき本件会社等が支払
を受ける関係にあったから，保険料として損金経理がされたものと解される。

⑨　そうすると，前者の部分（本件貸付金経理部分）については，甲らが本件会
社等からの貸付金を原資として当該部分に相当する保険料を支払った場合と異
なるところがなく，甲らにおいて当該部分に相当する保険料を自ら負担して支
出したものといえるのに対し，後者の部分（本件保険料経理部分）については
このように解すべき事情があるとはいえず，当該部分についてまで甲らが保険
料を自ら負担して支出したものとはいえない。

⑩　したがって，本件支払保険料のうち本件保険料経理部分は，所得税法34条2
項にいう「その収入を得るために支出した金額」に当たるとはいえず，これを
本件保険金に係る一時所得の金額の計算において控除することはできないもの
というべきである。

⑪　これと異なる見解に立って甲らの請求を全て認容すべきものとした原審の判
断には，判決に影響を及ぼすことが明らかな法令の違反があり，論旨は理由が
ある。

⑫　以上によれば，原判決は破棄を免れない。そして，以上に説示したところに
よれば，甲らの請求のうち，本件各更正処分の一部取消しを求める部分は理由
がないから，同部分につき第1審判決を取り消し，同部分に関する請求を棄却
すべきである。

⑬　また，甲らの請求のうち，本件各賦課決定処分の取消しを求める部分につい
ては，本件が例外的に過少申告加算税の課されない場合として国税通則法65条
4項が定める「正当な理由があると認められる」場合に当たるか否かが問題と
なるところ，この関係の諸事情につき更に審理を尽くさせるため，本件を原審
に差し戻すこととする。

112

解 説

本判決の骨子

① 所得分類の趣旨

所得税法が，所得を10種類に分類し，それぞれにつき所得金額の計算方法を定めているのは，収入を得た個人の担税力に応じた課税を行う趣旨に出たものである。

② 所得税法34条2項の趣旨解釈

一時所得についてその計算方法を定めた所得税法34条2項もまた，上記①と同様の趣旨のものである。

その趣旨に照らすと，同項にいう「その収入を得るために支出した金額」とは，その収入を得た個人が自ら負担して支出したものといえる金額をいうと解される。

③ 所得税法34条2項の文理解釈

「その収入を得るために支出した金額」という文言も，収入を得る主体と支出をする主体が同一であることを前提としたものである。

④ 小 括

したがって，「その収入を得るために支出した金額」は，その収入を得た個人において自ら負担して支出したものといえる場合でなければならない。

⑤ 政令・通達

所得税法施行令183条2項2号についても，以上の理解と整合的に解釈されるべきものである。所得税基本通達34-4も，以上の解釈を妨げるものではない。

⑥ 本件の事実関係（1／4）

甲社における経理処理は，次のとおりである。

$$
本件支払\\保険料
\left\{
\begin{array}{l}
\text{本件貸付金}\\
\text{経理部分}
\end{array}
\quad（2分の1）\cdots
\begin{array}{l}
\text{甲らに対する}\\
\text{貸付金を計上}
\end{array}
\right.
$$

$$
\left\{
\begin{array}{l}
\text{本件保険料}\\
\text{経理部分}
\end{array}
\quad（2分の1）\cdots \text{損金経理処理}
\right.
$$

⑦ **本件の事実関係（2／4）**

上記⑥の経理処理は，次のことを前提とするものと解される。

（ⅰ）　本件貸付金経理部分が，甲らが支払を受けるべき満期保険金の原資となる。

（ⅱ）　本件保険料経理部分が，本件会社等が支払を受けるべき死亡保険金の原資となる。

⑧ **本件の事実関係（3／4）**

（ⅰ）　上記⑦（ⅰ）の原資として支払われた部分につき貸付金を計上したのは，甲らが本件会社等にこれに相当する額を返済すべきとする趣旨であったと解される。

（ⅱ）　上記⑦（ⅱ）の原資として支払われた部分につき損金経理をしたのは，その支払により本件会社等が死亡保険金の支払を受ける関係にあったからと解される。

⑨ **本件の事実関係（4／4）**

（ⅰ）　本件貸付金経理部分については，甲らが自ら負担して支出したものといえる。

（ⅱ）　本件保険料経理部分については，甲らが保険料を自ら負担して支出したものとはいえない。

⑩ **結　論**

本件保険料経理部分は，「その収入を得るために支出した金額」に当たらない。

したがって，本件保険金に係る一時所得の金額の計算においてこれを控除することはできない。

⑪　**原審の判断**

　甲らの請求をすべて認容すべきものとした原審の判断には，法令の違反があり，原判決は破棄を免れない。

⑫　**本　　税**

　本件各更正処分の一部取消しを求める甲らの請求を棄却すべきである。

⑬　**加算税**

　過少申告加算税の課されない場合（正当な理由があると認められる場合）に当たるか否かにつき，さらに審理を尽くさせるため，本件を控訴審に差し戻す。

(1)　補足意見

　本判決には，須藤正彦裁判官の補足意見があります（全文は**巻末資料２**参照）。その要旨は，次のとおりです。

①　私は法廷意見に賛成であるが，租税法律主義（課税要件明確主義）に関連して，以下のとおり補足しておきたい。

②　憲法84条は租税法律主義を定めるところ，課税要件は明確でなければならず，課税庁は，恣意的に拡張解釈や類推解釈などを行って課税要件の該当性を肯定して課税することは許されない。

③　逆にいえば，租税法の趣旨・目的に照らすなどして厳格に解釈し，そのことによって当該条項の意義が確定的に明らかにされるのであれば，その条項に従って課税要件の当てはめを行うことは，租税法律主義に何ら反するものではない。

④　所得税法34条２項の「その収入を得るために支出した金額」は，当該収入を得た個人において自ら負担して支出したといえるものでなければならないと解されるのであり，そのことは同条項の趣旨・目的に照らし明らかであるというべきである。

⑤　そうすると，本件各更正処分は，同項の趣旨・目的に沿った解釈によって明確にされている同条項の意義に従って行われたまでのことであり，租税法律主義に何ら反するものではない。

⑥ 「疑わしきは納税者の利益に」との命題は，課税要件事実の認定について妥当し得るであろうが，租税法の解釈原理に関するものではない。

⑦ 租税法律主義のもとでは，法的安定性や予測可能性が保護されるべきところである。この点，次のことからすると，法廷意見の解釈が法的安定性や予測可能性を損なうなどとすることもできない。

（ⅰ） 所得税法34条2項の「その収入を得るために支出した金額」を普通に読めば，収入を得た者と支出をした者が別人であれば，収入金額全額が所得であって，その支出を差し引いた金額にしか課税しないことは不合理であるという趣旨に読まれると思われること。

（ⅱ） 本件に即して考えれば，法人税額算出に当たって損金経理した半額部分を，さらに所得税額算出に当たっても控除し，重ねて非課税とする結果を生じさせることは，不合理であろうこと。

⑧ もとより，法規より下位規範たる政令が法規の解釈を決定付けるものではないし，いわんや一般に通達は法規の解釈を法的に拘束するものではないが，所得税法施行令183条2項2号も，所得税基本通達34−4も，いずれも所得税法34条2項と整合的に解されるべきであるし，またそのように解し得るものである。

(2) 本判決の調査官解説

本判決の調査官解説は，本件における法令等の解釈のあり方について，次のとおり述べています。

> **小林［2015］10頁**
> (2) 原審判決と比較してみると，本判決は，下位規範ではなくあくまで所得税法34条2項が何を定めているかを解釈すべきであるとの考えに立った上で，上記の解釈〔注：所得税法34条2項にいう「支出した金額」とは，一時所得に係る収入を得た個人が自ら負担して支出したものといえる金額をいうとの解釈〕を導いたものと解される。実際にも，本判決は，上記判示に続けて，所得税法34条2項と同法施行令等との関係について説示し，所得税法施行令183条2項2号については，以上の理解と整合的に解釈されるべきものであり，同号が一時所得の金額の計算において支出した金額に算入すると定める「保険料‥‥の総

額」とは，保険金の支払を受けた者が自ら負担して支出したものといえる金額をいうと解すべきであって，同号が，このようにいえない保険料まで上記金額に算入し得る旨を定めたものということはできず，所得税基本通達34－4も，以上の解釈を妨げるものではないとしているところである。

(3) その上で，本判決は，所得税法34条2項の趣旨と文言を踏まえつつ，上記の解釈を導いたものであるところ，このうち，同項の趣旨については判決が述べたとおりであるが・・・，同項の文言について判決が述べるところを補足すると，同項が収入を得る主体と支出をする主体が同一であることを前提としているという説示は，控除対象に係る同項の規定が，「その収入を得るため」に「支出された」という文言ではなく，「その収入を得るため」に「支出した」という文言となっていることを踏まえたものであろう。なお，・・・本判決が趣旨と文言の両者に言及しているのは，いずれの点からも，判示の結論が根拠付けられることを示すものとも考えられる。

(3) 租税法の解釈に関する本判決の立場

最判平成29年10月24日民集71巻8号1522頁（本章**第5節**参照）の調査官解説は，本判決について，「規定の趣旨目的に照らして文理を解釈したもの」（日置［2020］537頁）であるとしています。

(4) 学 説

金子［2014］は，本判決について，次のとおり，妥当な「趣旨解釈」であるとしています。

金子［2014］13頁

たしかに，所得税法34条2項では，明文上は，支払の主体は納税者に限定されていない。しかし，一時所得を得るために支出した金額は，一種の必要経費（投下資本）である。納税者としては，収入金額から自分が支払った金額を控除すれば，それで投下資本は十分に回収されるから，法人が支払った部分についてまで控除を認める必要はない（もし控除を認めると，法人税において損金に算入され，所得税においても控除を認めるという不当な結果（二重控除）が生ずる）。したがって，判決は，妥当な趣旨解釈であると考える。

(5) 政令・通達の改正

所得税法施行令183条は，平成23年度税制改正において，**図表3－4－3**のとおり改正されました。

また，所得税基本通達34－4も，平成24年2月10日付課個2－11ほかにより，**図表3－4－4**のとおり改正されました。

これらの改正により，満期保険金に係る「一時所得の金額」の計算上，控除できる保険料は，事業主が負担したものについては，給与所得課税が行われたものに限られることが明確になりました（財務省［2011］87頁）。

図表3－4－3 所得税法施行令183条の改正

改正後	改正前
所得税法施行令 （生命保険契約等に基づく年金に係る雑所得の金額の計算上控除する保険料等） 第183条 （略） 2・3 （略） 4 第1項及び第2項に規定する保険料又は掛金の総額は，当該生命保険契約等に係る保険料又は掛金の総額から次に掲げる金額を控除して計算するものとする。 一・二 （略） 三 事業を営む個人又は法人が当該個人のその事業に係る使用人又は当該法人の使用人（役員を含む。次条第3項第1号において同じ。）のために支出した当該生命保険契約等に係る保険料又は掛金で当該個人のその事業に係る不動産所得の金額，事業所得の金額若しくは山林所得の金額又は当該法人の各事業年度の所得の金額の計算上必要経費又は損金の額に算入されるもののうち，これらの使用人の給与所得に係る収入金額に含まれないものの額（前2号に掲げるものを除く。） 四 （略）	所得税法施行令 （生命保険契約等に基づく年金に係る雑所得の金額の計算上控除する保険料等） 第183条 同 左 2・3 同 左 4 同 左 一・二 同 左 三 同 左

| 図表3－4－4 | 所得税基本通達34－4の改正 |

改正後	改正前
所得税基本通達 **（生命保険契約等に基づく一時金又は損害保険契約等に基づく満期返戻金等に係る所得金額の計算上控除する保険料等）** **34－4** 令第183条第2項第2号又は第184条第2項第2号に規定する保険料又は掛金の総額（令第183条第4項又は第184条第3項の規定の適用後のもの。）には，以下の保険料又は掛金の額が含まれる。 (1) その一時金又は満期返戻金等の支払を受ける者が自ら支出した保険料又は掛金 (2) 当該支払を受ける者以外の者が支出した保険料又は掛金であって，当該支払を受ける者が自ら負担して支出したものと認められるもの (注)1 使用者が支出した保険料又は掛金で36-32により給与等として課税されなかったものの額は，上記(2)に含まれる。 2 相続税法の規定により相続，遺贈又は贈与により取得したものとみなされる一時金又は満期返戻金等に係る部分の金額は，上記(2)に含まれない。	**所得税基本通達** **（生命保険契約等に基づく一時金又は損害保険契約等に基づく満期返戻金等に係る所得金額の計算上控除する保険料等）** **34－4** 令第183条第2項第2号又は第184条第2項第2号に規定する保険料又は掛金の総額には，その一時金又は満期返戻金等の支払を受ける者以外の者が負担した保険料又は掛金の額（これらの金額のうち，相続税法の規定により相続，遺贈又は贈与により取得したものとみなされる一時金又は満期返戻金等に係る部分の金額を除く。）も含まれる。 (注) 使用者が負担した保険料又は掛金で36-32により給与等として課税されなかったものの額は，令第183条第2項第2号又は第184条第2項第2号に規定する保険料又は掛金の総額に含まれる。

まとめ

　本判決は，趣旨解釈を出発点としつつも，租税法律主義の観点から，文理解釈によっても同じ解釈が導かれることを確認したもので，端的にいえば，「規定の趣旨目的に照らして文理を解釈したもの」といえます。

　本判決はまた，政令と通達（下位規範）は，法律（上位規範）の解釈と整合的に解されるべきであるとしたもので，逆にいえば，通達の文言にこだわって，法律を拡大解釈したり，縮小解釈したりするというようなことは，あってはならないといえるでしょう（最判令和2年3月24日集民263号63頁における宮崎裕子裁判官の補足意見，法人税基本通達の前文）。

第3章　最高裁判決にみる税法解釈のあり方　　119

最判令和2年3月24日集民263号63頁における宮崎裕子裁判官の補足意見
　最も重要なことは，当該通達が法令の内容に合致しているか否かを明らかにすることである。通達の文言をいかに文理解釈したとしても，その通達が法令の内容に合致しないとなれば，通達の文理解釈に従った取扱いであることを理由としてその取扱いを適法と認めることはできない。このことからも分かるように，租税法の法令解釈において文理解釈が重要な解釈原則であるのと同じ意味で，文理解釈が通達の重要な解釈原則であるとはいえないのである。

法人税基本通達の前文
　この通達の具体的な運用に当たつては，法令の規定の趣旨，制度の背景のみならず条理，社会通念をも勘案しつつ，個々の具体的事案に妥当する処理を図るように努められたい。いやしくも，通達の規定中の部分的字句について形式的解釈に固執し，全体の趣旨から逸脱した運用を行つたり，通達中に例示がないとか通達に規定されていないとかの理由だけで法令の規定の趣旨や社会通念等に即しない解釈におちいつたりすることのないように留意されたい。

参考　差戻審判決

　最高裁は，「正当な理由があると認められる」場合（過少申告加算税の課されない場合）の解釈について，次のとおり判示しています。

最判平成18年4月20日民集60巻4号1611頁
　国税通則法65条4項は，修正申告書の提出又は更正に基づき納付すべき税額に対して課される過少申告加算税につき，その納付すべき税額の計算の基礎となった事実のうちにその修正申告又は更正前の税額の計算の基礎とされていなかったことについて正当な理由があると認められるものがある場合には，その事実に対応する部分についてはこれを課さないこととしているが，過少申告加算税の上記の趣旨に照らせば，同項にいう「正当な理由があると認められる」場合とは，真に納税者の責めに帰することのできない客観的な事情があり，上記のような過少申告加算税の趣旨に照らしても，なお，納税者に過少申告加算税を賦課することが不当又は酷になる場合をいうものと解するのが相当である。

本判決による差戻後の控訴審判決（高裁判決）も，この判示に照らして，「正当な理由があると認められる」場合に該当するかどうかを判断しました。

具体的には，差戻審判決は，次のとおり判示し，甲らの請求を棄却しました。

福岡高判平成25年5月30日税資263号順号12223

甲らは，申告前に，本件申告処理が妥当であるかどうかについて，税務当局に問い合わせをすることもなく，課税額が少額となる本件申告処理を採用して申告したものである（…）。

かような事実関係の下においては，真に納税者の責めに帰することのできない客観的な事情があり，過少申告加算税の趣旨に照らしてもなお納税者に過少申告加算税を賦課することが不当又は酷になるものとまでは認めることができず，「正当な理由があると認められる」場合に該当するとはいえない。

なお，甲らの主張とこれに対する裁判所の判断は，**図表3－4－5**のとおりです（**図表3－4－5**では，一部のみを掲載。全文は**巻末資料3**参照）。

第3章　最高裁判決にみる税法解釈のあり方　　121

図表3－4－5　差戻審における甲らの主張と裁判所の判断（抜粋）

	甲らの主張	裁判所の判断
本件申告処理に関する指摘の有無	甲らは，平成14年3月に本件申告処理をして平成13年分の確定申告をしたが，福岡国税局は，これについて何の指摘もしなかった。 甲らは，平成15年，平成16年にも本件申告処理をして平成14年，平成15年分の確定申告をしたが，福岡国税局は，これについて何の指摘もしなかった。	租税法上の法律関係をいつまでも不確定の状態にしておくことは好ましくないため，更正・決定・賦課決定等をなし得る期間には制限があり，更正は，原則として，その更正に係る国税の法定申告期限から3年を経過した日以後においてはすることはできない（国税通則法70条1項1号）。 そうであれば，本件において，各税務署長は，調査のうえ，国税の法定申告期限から3年を経過していない時期に更正処分をしたのであるから，何ら違法・不当ではなく，この時期に更正処分がなされることもまれではないから，甲らの主張は採用できない。
所得税法，同法施行令，通達の文言解釈との関係等	以下のとおり，甲らの解釈は，法令や通達の文言を素直に解釈することによって導かれる，法律の文言どおりの解釈である。 ア　所得税法34条2項には，「その収入を得るために支出した金額」が収入を得た本人の負担分に限定される旨の明示は一切ない。 イ　所得税法施行令183条2項2号の文言上，本人が負担した保険料しか控除できないという限定はない。また，同号は，除外事由について規定しているが，養老保険に係る支払保険料については，除外事由に該当しない。 ウ　所得税基本通達34－4は，支払を受ける者以外が負担した保険料又は掛金の額も支出した金額に含まれる旨を明示している。	本件上告審判決の判断は，一時所得に係る収入を得た個人の担税力に応じた課税を図るという所得税法34条2項の趣旨からすると，当然の帰結であるといえる。所得税法施行令183条2項2号や所得税基本通達34－4がその規定振りのために，いささかわかりにくい面があり，本件養老保険契約における満期保険金等の課税処理について解釈が分かれていたものである。 もとより，政令は法律よりも下位規範であるから，政令が法律の解釈を決定付けるものではなく，いわんや通達が法律の解釈を決定付けるものでもない。そもそも，上記施行令も，上記通達も，いずれも所得税法34条2項と整合的に解されるべきであり，またそのように解し得たものである。 これに対して，本件申告処理は，法人損金処理保険料につき，本件会社の法人税額算出及び甲らの所得税額算出に当たって，二重に控除して非課税とするという点において不合理な申告である。 したがって，甲らの主張は採用できない。

市販の解説書の存在	本件申告処理を適法とする市販の解説書が複数存在した。 　これに対して，国側は，週刊税務通信の記事（平成11年1月18日付け）には，本件申告処理を認めない旨の記載があったと主張するが，税務通信は参考図書にすぎない。	確かに，本件申告処理が許容されるとの理解の下に執筆された解説書が存在することが認められる。 　しかしながら，同解説書について，税務当局あるいはその職員が税務当局の官職名を明示した上で監修あるいは執筆をしていたり，本件申告処理を採用すべき法令解釈上の具体的な根拠を示していたりするなどの事情は認められない。 　他方，国税庁が監修し，昭和62年に発行された解説書には，生命保険契約等に基づく一時金に係る一時所得の金額の計算の改正について，「事業主が負担した保険料又は掛金で給与所得として課税が行われていないものは，その控除する保険料又は掛金の総額から除くこととされています。」と明記されていたことが認められる。 　また，税務通信は，国税庁審理室課長補佐がその官職名を明示したうえ，具体的根拠を示しながら，法人負担（損金算入され，給与課税されていない）部分の額は一時所得の計算上控除できないこと，つまり，本件申告処理は許容されないことを述べていたものである。 　したがって，甲らの主張は採用できない。
種々の裁判例の存在	本件上告審判決は，本件申告処理が違法である旨判断した。 　それまで，本件申告処理が適法であるかどうかについては，下級審の判断も分かれる状態であり，本件申告処理を適法とする判断もあった。本件申告処理を違法であるとする裁判例もあったが，その場合においても，過少申告加算税の賦課まで認めた裁判例は一例もなかった。	確かに，甲らが主張するように，本件申告処理について下級審においては判断が分かれており，適法とする判断も，違法とする判断もあったことは顕著な事実である。 　しかしながら，税務当局が監修をしていたり，税務当局の職員がその官職名を明示した上で執筆するなどした市販の解説書には，本件申告処理を適法とするものはなく，かえって，本件申告処理は適法ではないと理解できる記載がなされていた。 　そして，本件上告審判決の法令解釈は，所得税法の趣旨に照らして所得税法施行令や所得税基本通達を解釈するものであって，本来あるべき解釈であったということができる。 　したがって，本件申告処理を適法とする判断の裁判例があったことは重視されるべき事情であるとはいえない。

（注）「本件申告処理」とは，満期保険金等を一時所得として確定申告するに当たり，本件支払保険料全額，つまり，法人損金処理保険料についても「その収入を得るために支出した金額」として控除できるものとした申告をいう。

第3章　最高裁判決にみる税法解釈のあり方　123

第5節

地域統括業務適用除外事件
——調査官解説において租税法の解釈についての
最高裁の立場が示されているもの

内国法人に係る特定外国子会社等の行う地域統括業務が租税特別措置法（平成21年法律第13号による改正前のもの）66条の6第3項および4項にいう主たる事業であるとされた事例

（最判平成29年10月24日民集71巻8号1522頁）

事案の概要

(1)　甲社は，内国法人であり，Aは，シンガポールにおいて設立された甲社の子会社である。

(2)　甲社は，平成20年3月期および平成21年3月期（以下，併せて「**本件各事業年度**」という）の法人税の各確定申告をした。

(3)　これに対して，〇〇税務署長は，租税特別措置法[18]（以下「**措置法**」という）66条の6第1項により，Aの課税対象留保金額（留保所得）に相当する金額が甲社の本件各事業年度の所得金額の計算上，益金の額に算入されるなどとして，〈1〉平成20年3月期の法人税の再更正処分および過少申告加算税賦課決定処分並びに〈2〉平成21年3月期の法人税の再更正処分（以下「**本件各処分**」という）を行った。

(4)　そこで，甲社は，本件各処分の取消しを求める訴えを提起した（**図表3－5－1**参照）。

[18]　平成21年法律第13号による改正前のもの

事実関係

(1) 甲社は，自動車関連部品の製造販売等を目的とする株式会社（内国法人）である。

甲社は，35の国と地域で事業を展開し，全世界に200以上のグループ会社を有する。

(2) 甲社は，ASEAN域内での集中生産・相互補完体制の円滑化を図るため，平成7年，豪亜地域における各拠点間の事業活動の調整およびサポートを行う目的で，シンガポールに地域統括センターとしてBを設立した。

また，甲社は，平成10年，ASEAN域内の甲社のグループ会社に対する統率力を高めるために，Bを含むASEAN・台湾地域のグループ会社の保有株式を現物出資してAを設立した。

(3) Aは，平成19年3月31日および平成20年3月31日において，甲社の100％子会社であった。

また，Aは，平成18年4月1日から平成19年3月31日までおよび平成19年年4月1日から平成20年3月31日までの各事業年度（以下，それぞれ「**2007事業年度**」，「**2008事業年度**」といい，併せて「**A各事業年度**」という）において，ASEAN諸国等に存する子会社13社および関連会社3社の株式を保有していた。

(4) Aのシンガポールにおける所得に対する租税の負担割合は，2007事業年度では22.89％，2008事業年度では12.78％であった。

(5) Aは，豪亜地域における地域統括会社として，集中生産・相互補完体制を強化し，各拠点の事業運営の効率化やコスト低減を図るため，設立以来，順次業務を拡大し，A各事業年度当時，〈1〉地域企画，〈2〉調達，〈3〉財務，〈4〉材料技術，〈5〉人事，〈6〉情報システムおよび〈7〉物流改善に係る地域統括に関する業務（以下，この業務を「**地域統括業務**」という）のほか，〈8〉持株（株主総会，配当処理等）に関する業務，〈9〉プログラム設計業務および〈10〉Bのための各種業務の代行業務を行っていた。

Aは，A各事業年度当時，ASEAN諸国，インドおよびオーストラリア連邦に所在する甲社のグループ会社13社（以下「**域内グループ会社**」という）に

第3章 最高裁判決にみる税法解釈のあり方　125

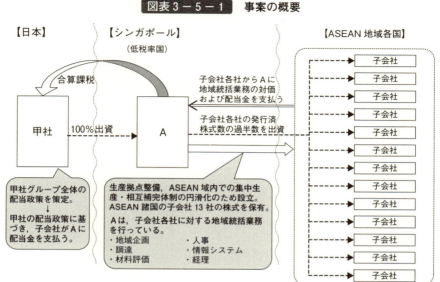

図表3-5-1　事案の概要

（出所）TAINS／課税部情報東京（国際課税事例集05）H300500を一部加工

対し地域統括業務を行い，個々の業務につき，域内グループ会社から第三者向け売上高等に一定の料率を乗じた金額または実費相当額等を徴収していた。
(6)　Aは，A各事業年度当時，シンガポールに開設された現地事務所（以下「**本件現地事務所**」という）において，現地に在住する日本人の代表取締役と現地勤務の従業員三十数人で業務を遂行していた。従業員のうち20人以上は地域統括業務に，その余はプログラム設計業務およびBのための各種業務の代行業務に従事しており，持株に関する業務のみに従事している者はいなかった。

　　Aは，本件現地事務所を賃借し，事務用什器備品，車両，コンピューター等の有形固定資産を保有していたが，これらの施設等はすべて持株に関する業務以外の業務に使用され，その大半は地域統括業務に供されていた。
(7)　Aの収入金額のうち地域統括業務の中の物流改善業務に関する売上額は，2007事業年度において約4.9億シンガポールドル，2008事業年度において約6.1億シンガポールドルに上り，いずれも収入金額の約85％を占めていた。

他方，その所得金額（税引前当期利益）においては，保有株式の受取配当の占める割合が高かった（2007事業年度は約92.3％，2008事業年度は約86.5％）が，地域統括業務によって集中生産・相互補完体制の構築，維持および発展が図られた結果，域内グループ会社全体に原価率の大幅な低減による利益がもたらされ，A各事業年度においても，これがAの域内グループ会社からの配当収入の中に相当程度反映されていた。

(8) Aは，A各事業年度当時，シンガポールにおいて株主総会および取締役会を開催し，役員は同国において職務執行をしていた。

また，Aは，本件現地事務所において会計帳簿を作成し，保管していた。

(9) ○○税務署長は，甲社に対し，〈1〉平成22年6月28日，Aの主たる事業は株式の保有であり，甲社の本件各事業年度の所得金額の計算上Aの課税対象留保金額に相当する金額は益金の額に算入されるとして，平成20年3月期の法人税の再更正処分および過少申告加算税賦課決定処分ならびに平成21年3月期の法人税の更正処分をし，〈2〉平成25年2月28日，平成21年3月期の法人税の再更正処分をした。

関係法令等（当時）

(1) 措置法66条の6第1項は，同項各号に掲げる内国法人に係る外国関係会社[19]のうち，本店または主たる事務所の所在する国または地域（以下「**本店所在地国**」という）におけるその所得に対して課される税の負担が本邦における法人の所得に対して課される税の負担に比して著しく低いものとして政令で定める外国関係会社[20]に該当するもの（以下「**特定外国子会社等**」という）が，各事業年度においてその未処分所得の金額から留保したものとして所定の調整を加えた金額（以下「**適用対象留保金額**」という）を有する場合には，適用対象留保金額のうちその内国法人の有する当該特定外国子会社等の

---

[19] 外国法人で，その発行済株式または出資（以下「**株式等**」という）の総数または総額のうちに内国法人等が有する直接および間接保有の株式等の数の合計数または合計額の占める割合が100分の50を超えるものをいう（措置法66条の6第2項1号）。

直接および間接保有の株式等の数に対応するものとして所定の方法により計算した金額（以下「**課税対象留保金額**」という）に相当する金額をその内国法人の所得の金額の計算上益金の額に算入する旨を規定する。

(2) もっとも，措置法66条の6第4項は，〈1〉同条3項に規定する特定外国子会社等（同条1項に規定する特定外国子会社等から株式等または債券の保有，工業所有権その他の技術に関する権利等の提供等を主たる事業とするものを除いたもの。以下，主たる事業がこれらの株式等または債券の保有，工業所有権等の提供等でないことを「**事業基準**」という）が，〈2〉本店所在地国において，主たる事業を行うに必要と認められる事務所，店舗，工場その他の固定施設を有し（**実体基準**），〈3〉その事業の管理，支配および運営を自ら行っているものである場合であって（**管理支配基準**），〈4〉各事業年度においてその行う主たる事業が，卸売業，銀行業，信託業，金融商品取引業，保険業，水運業または航空運送業のいずれかに該当する場合には，その事業を主として当該特定外国子会社等に係る所定の関連者以外の者との間で行っている場合に該当するとき（**非関連者基準**。同条4項1号），上記の各事業以外の事業に該当する場合には，その事業を主として本店所在地国において行っている場合に該当するとき（**所在地国基準**。同項2号）は，同条1項の規定を適用しない旨を規定する（以下，上記〈1〉から〈4〉までの要件を「**適用除外要件**」という）（以上につき，**図表3－5－2**参照）。

---

(20) 法人の所得に対して課される税が存在しない国もしくは地域に本店もしくは主たる事務所を有する外国関係会社，またはその各事業年度の所得に対して課される租税の額が当該所得の金額の100分の25以下である外国関係会社をいう（平成21年政令第108号による改正前の租税特別措置法施行令39条の14第1項）。

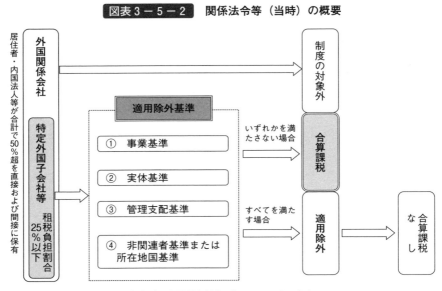

（出所）TAINS／課税部情報東京（国際課税事例集05）H300500を一部加工

名古屋高裁（原審）の判断

(1) Aは，次のとおり株式の保有を「主たる事業」とするもの，すなわち，株式保有業を目的とするものであり，甲社の主張する地域統括業務は，株式保有事業に含まれる一つの業務にすぎず，株式保有業と別個独立の業務とはいえないものと認められる。

　すなわち，措置法66条の6第3項かっこ書の「株式の保有」という文言のみに着目すると，株式を自己のものとして持ち続けることのみを意味するものと見えないではないが，これを事業として行う以上，それによって利益を受けることが当然に含意されているのであり，その利益を得る方法としては，〈1〉保有する株式数が発行済株式の半数に遠く及ばない者のように，株式発行会社の経営に介入はもとより関与することもなく，単に会社の定めた額の配当を受領するにとどまる場合もあれば，〈2〉発行済株式の過半を有する者の場合には，株式発行会社を支配し，その人事や業務内容を自己の意の

ままに決定することを通じて，より多くの配当を得ようと活動することもあり，独占禁止法９条３項にいう持株会社は，上記〈２〉の典型例である。

したがって，事業としての「株式の保有」とは，単に株式を保有し続けることのみならず，当該株式発行会社を支配しかつ管理するための業務もまた，その事業の一部をなすというべきであり，本件で問題となっている一定地域内にある被支配会社を統括するための諸業務もまた，株式保有業の一部をなし措置法66条の６第３項かっこ書の「事業」に該当することは明らかである。

(2) (1)に述べた株式保有業に関する解釈は，その後の法改正によっても裏付けられる。

すなわち，平成22年改正措置法66条の６第３項により，主たる事業が「株式等の保有」である統括会社で，被統括会社に対する統括業務を行うものについては，事業基準により適用除外規定の適用対象とならない特定外国子会社等から除く旨規定された。

これは，統括業務が，株式保有業の一つの業務であって配当を増加させるために行われるものであるとしても，内国法人が海外における企業戦略を有利に進めていくために有効であることから，被統括会社に対する統括業務を行うものを，事業基準により適用除外規定の適用対象とならない特定外国子会社等から除くこととしたものと理解できるのであり，以上に述べたところと整合するものである。

このことは，措置法の上記改正がされた第174回国会の参議院財政金融委員会において，青山慶二参考人が，「これまでは主な事業が株式の保有等であれば合算対象から除外されないこととされておりました。いわゆる持ち株会社等は合算対象にしてしまうということでございました。今回の法案によりますと，企業実体を伴っていると認められる統括会社につきましては，資産所得を除いて合算対象から除外することを認めることとされております」などと述べていることからも明らかである。

すなわち，上記の法改正は，子会社に対して行われる地域統括業務は，株式保有業に本質的に伴うもので，株式保有業のための業務として含まれているものであることを前提としつつも，地域統括業務が実体を伴って行われている場合に，合算対象から除外することとしたのであって，このことは，海

外進出した内国法人の置かれた環境の変化等を踏まえて新たな立法政策を採用したことを示すものであり，経済産業省作成の「平成22年度税制改正について」においても明確に示されているし，その当時，上記改正について示された国税庁の見解とも合致しているところである。

(3) そして，実際にもＡは，地域統括業務から利益を得るのではなく，保有する株式の配当によって得ているのであり，「主たる事業」は，名実ともに株式保有業と認められるのである。

　会社は営利法人であり，利益を上げることを目的として，集めた資本等を経済的合理性があるように運用しているのであるから，「主たる事業」の判断に当たって，当該事業のために保有している財産の資産総額に占める割合や当該事業による所得金額の多寡を重視すべきことは当然である。そして，Ａが地域統括業務自体から利益を得ていないのは，そもそも同業務の成果により被支配会社の利益を増大させ，それを配当収入として取得しようとしたものであって，地域統括業務自体から利益を得ようとはしていなかったからであり，地域統括業務による収益状況がたまたま芳しくなかったことによって，これによる所得金額が少なくなったことに起因するものではない。

最高裁の判断

結　果 ｜ 破棄自判

① 措置法66条の6第1項は，内国法人が，法人の所得等に対する租税の負担がないか又は極端に低い国若しくは地域（タックス・ヘイブン）に子会社を設立して経済活動を行い，当該子会社に所得を留保することにより，我が国における租税の負担を回避しようとする事例が生ずるようになったことから，このような事例に対処して税負担の実質的な公平を図ることを目的として，一定の要件を満たす外国子会社を特定外国子会社等と規定し，その課税対象留保金額を内国法人の所得の計算上益金の額に算入することとしたものである（最高裁平成17年（行ヒ）第89号同19年9月28日第二小法廷判決・民集61巻6号2486頁参照）。

② しかし，特定外国子会社等であっても，独立企業としての実体を備え，その

所在する国又は地域において事業活動を行うことにつき十分な経済合理性がある場合にまで上記の取扱いを及ぼすとすれば，我が国の民間企業の海外における正常かつ合理的な経済活動を阻害するおそれがあることから，同条4項は，事業基準等の適用除外要件が全て満たされる場合には同条1項の規定を適用しないこととしている。

③　措置法66条の6第4項は，同条3項にいう株式の保有を主たる事業とする特定外国子会社等につき事業基準を満たさないとしているところ，株式を保有する者は，利益配当請求権等の自益権や株主総会の議決権等の共益権を行使することができるほか，保有に係る株式の運用として売買差益等を得ることが可能であり，それゆえ，他の会社に係る議決権の過半数の株式を保有する特定外国子会社等は，上記の株主権の行使を通じて，当該会社の経営を支配し，これを管理することができる。

④　しかし，他の会社の株式を保有する特定外国子会社等が，当該会社を統括し管理するための活動として事業方針の策定や業務執行の管理，調整等に係る業務を行う場合，このような業務は，通常，当該会社の業務の合理化，効率化等を通じてその収益性の向上を図ることを直接の目的として，その内容も上記のとおり幅広い範囲に及び，これによって当該会社を含む一定の範囲に属する会社を統括していくものであるから，その結果として当該会社の配当額の増加や資産価値の上昇に資することがあるとしても，株主権の行使や株式の運用に関連する業務等とは異なる独自の目的，内容，機能等を有するものというべきであって，上記の業務が株式の保有に係る事業に包含されその一部を構成すると解するのは相当ではない。

⑤　そして，A各事業年度において，Aの行っていた地域統括業務は，地域企画，調達，財務，材料技術，人事，情報システム及び物流改善という多岐にわたる業務から成り，豪亜地域における地域統括会社として，集中生産・相互補完体制を強化し，各拠点の事業運営の効率化やコスト低減を図ることを目的とするものということができるのであって，個々の業務につき対価を得て行われていたことも併せ考慮すると，上記の地域統括業務が株主権の行使や株式の運用に関連する業務等であるということはできない。

⑥　また，措置法66条の6第4項が株式の保有を主たる事業とする特定外国子会社等につき事業基準を満たさないとした趣旨は，株式の保有に係る事業はその性質上我が国においても十分に行い得るものであり，タックス・ヘイブンに所在して行うことについて税負担の軽減以外に積極的な経済合理性を見いだし難いことにある。

⑦　この点，Aの行っていた地域統括業務は，地域経済圏の存在を踏まえて域内グループ会社の業務の合理化，効率化を目的とするものであって，当該地域において事業活動をする積極的な経済合理性を有することが否定できないから，これが株式の保有に係る事業に含まれると解することは上記規定の趣旨とも整合しない。

⑧　なお，平成22年法律第6号による租税特別措置法の改正によって，株式等の保有を主たる事業とする特定外国子会社等のうち，当該特定外国子会社等が他の外国法人の事業活動の総合的な管理及び調整を通じてその収益性の向上に資する業務を行う場合における当該他の外国法人として政令で定めるものの株式等の保有を行うものとして政令で定めるもの（平成22年政令第58号による改正後の租税特別措置法施行令39条の17第4項に定める統括業務を行う同条3項各号に掲げる要件を満たす統括会社）を株式等の保有を主たる事業とするものから除外することとされた（前記改正後の租税特別措置法66条の6第3項）が，これによって事業基準を満たすこととなる統括会社は，もともと株式等の保有を主たる事業とするものであって（同項柱書き），それ以外の統括会社はその対象となるものではないから，これらの改正経過を根拠に上記の統括業務が株式の保有に係る事業に包含される関係にあるものということはできず，Aの行っていた地域統括業務が株式の保有に係る事業に含まれるということはできない。

⑨　以上によれば，A各事業年度において，Aの行っていた地域統括業務は，措置法66条の6第3項にいう株式の保有に係る事業に含まれるものということはできない。

⑩　次に，措置法66条の6第3項及び4項にいう主たる事業は，特定外国子会社等の当該事業年度における事業活動の具体的かつ客観的な内容から判定することが相当であり，特定外国子会社等が複数の事業を営んでいるときは，当該特定外国子会社等におけるそれぞれの事業活動によって得られた収入金額又は所得金額，事業活動に要する使用人の数，事務所，店舗，工場その他の固定施設の状況等を総合的に勘案して判定するのが相当である。

⑪　これを本件についてみると，Aは，豪亜地域における地域統括会社として，域内グループ会社の業務の合理化，効率化を図ることを目的として，個々の業務につき対価を得つつ，地域企画，調達，財務，材料技術，人事，情報システム，物流改善という多岐にわたる地域統括業務を有機的に関連するものとして域内グループ会社に提供していたものである。

⑫　そして，A各事業年度において，地域統括業務の中の物流改善業務に関する売上高は収入金額の約85％に上っており，所得金額では保有株式の受取配当の

占める割合が8，9割であったものの，その配当収入の中には地域統括業務によって域内グループ会社全体に原価率が低減した結果生じた利益が相当程度反映されていたものであり，本件現地事務所で勤務する従業員の多くが地域統括業務に従事し，Aの保有する有形固定資産の大半が地域統括業務に供されていたものである。

⑬　以上を総合的に勘案すれば，Aの行っていた地域統括業務は，相当の規模と実体を有するものであり，受取配当の所得金額に占める割合が高いことを踏まえても，事業活動として大きな比重を占めていたということができ，A各事業年度においては，地域統括業務が措置法66条の6第3項及び4項にいうAの主たる事業であったと認めるのが相当である。よって，Aは，A各事業年度において事業基準を満たすといえる。

⑭　そして，前記…の事実関係等によれば，A各事業年度において，Aは本店所在地国であるシンガポールにおいて地域統括業務に係る事業を行うのに必要と認められる固定施設を有していたこと，株主総会及び取締役会の開催，役員の職務執行並びに会計帳簿の作成及び保管がいずれも同国において行われるなど，Aが本店所在地国において事業の管理，支配及び運営を自ら行っていたこと，地域統括業務に係る事業は，措置法66条の6第4項1号に掲げる事業のいずれにも該当せず，Aはその事業を主としてシンガポールにおいて行っていたことがそれぞれ認められるから，Aは，前記2(2)②から④までの各要件に係る基準〔注：実体基準，管理支配基準および所在地国基準〕を満たすといえる。

⑮　したがって，甲社は，AにつきA各事業年度において適用除外要件を全て満たし，本件各事業年度において措置法66条の6第1項の適用が除外されるから，事業基準を満たさないことを理由に同項を適用してされた本件各処分（ただし，平成21年3月期の法人税の再更正処分については確定申告に係る所得の金額を超える部分及び翌期へ繰り越す欠損金の額を下回る部分）はいずれも違法というべきである。

解 説

本判決の骨子

①　タックス・ヘイブン対策税制の趣旨

措置法66条の6第1項は，内国法人が，軽課税国に子会社を設立して

所得を留保し，我が国の税負担を回避しようとする事例に対処するために，一定の要件を満たす外国子会社（特定外国子会社等）の留保所得（課税対象留保金額）を内国法人の所得に合算して課税することとしたものである。

② 適用除外

ただし，独立企業としての実体を備え，その所在地国において事業活動を行うことにつき十分な経済合理性があれば，合算課税の対象とされない。すなわち，措置法66条の6第4項は，事業基準等の適用除外要件がすべて満たされる場合には，同条1項の規定を適用しないこととしている。

③ 適用除外を受けられないもの（株式保有業）

措置法66条の6第4項は，特定外国子会社等が株式の保有を主たる事業とする場合，事業基準を満たさないとしている。

株式を保有する者は，自益権や共益権を行使することができるほか，保有株式の運用として売買差益等を得ることができる。

それゆえ，他の会社に係る議決権の過半数の株式を保有する特定外国子会社等は，株主権の行使を通じて，その会社の経営を支配し，これを管理することができる。

④ 統括業務と株式保有業の関係

しかし，他の会社の株式を保有する特定外国子会社等が，その会社を統括し管理するための活動として，事業方針の策定や業務執行の管理，調整等に係る業務を行う場合，このような業務は，通常，その会社の業務の合理化，効率化等を通じてその収益性の向上を図ることを直接の目的として，その内容も幅広い範囲に及び，これによってその会社を含む一定の範囲に属する会社を統括していくものであるから，株主権の行使や株式の運用に関連する業務等とは異なる独自の目的，内容，機能等を有するものというべきであって，上記の業務が「株式の保有に係る事業」に包含されると解するのは相当ではない。

⑤ Ａの地域統括業務

Ａの地域統括業務は，多岐にわたる業務から成り，豪亜地域における

地域統括会社として，対価を得て，集中生産・相互補完体制を強化し，各拠点の事業運営の効率化やコスト低減を図るなど，株主権の行使や株式の運用に関連する業務とはいえない。

⑥　事業基準の趣旨

また，措置法66条の6第4項が株式の保有を主たる事業とする特定外国子会社等につき事業基準を満たさないとした趣旨は，「株式の保有に係る事業」を軽課税国に所在して行うことに積極的な経済合理性を見いだし難いことにある。

⑦　Ａの地域統括業務

この点，Ａの地域統括業務は，その地域において事業活動をする積極的な経済合理性を有することが否定できないから，これが「株式の保有に係る事業」に含まれると解することは，上記⑥の趣旨とも整合しない。

⑧　平成22年改正との関係

なお，平成22年改正によって，一定の統括会社が，株式等の保有を主たる事業とするものから除外されたが，その対象は，もともと株式等の保有を主たる事業とする統括会社であるから，これらの改正経過を根拠に，統括業務が株式の保有に係る事業に包含される関係にあるものということはできず，Ａの地域統括業務が「株式の保有に係る事業」に含まれるとはいえない。

⑨　小　括

Ａの地域統括業務は，措置法66条の6第3項にいう「株式の保有に係る事業」に含まれない。

⑩　主たる事業の判定

次に，2以上の事業を営む特定外国子会社等の主たる事業の判定は，それぞれの事業活動に属する〈1〉収入金額または〈2〉所得金額，〈3〉使用人の数，〈4〉固定施設の状況等を総合的に勘案して行うのが相当である。

⑪　Ａの地域統括業務

Ａは，豪亜地域における地域統括会社として，多岐にわたる地域統括業務を有機的に関連するものとして域内グループ会社に提供していた。

⑫　Ａの地域統括業務の収入金額，所得金額，使用人の数および固定施設の状況等

　そして，〈１〉地域統括業務の中の物流改善業務に関する売上高は収入金額の約85％に上り，〈２〉所得金額の８，９割を占める配当収入の中には地域統括業務の成果が相当程度反映されており，〈３〉現地事務所で勤務する従業員の多くが地域統括業務に従事し，〈４〉Ａの保有する有形固定資産の大半が地域統括業務に供されていた。

⑬　事業基準の判定

　以上を総合的に勘案すれば，地域統括業務がＡの主たる事業であったと認めるのが相当である。よって，Ａは，事業基準を満たすといえる。

⑭　実体基準，管理支配基準および所在地国基準の判定

　そして，Ａは，実体基準，管理支配基準および所在地国基準を満たすといえる。

⑮　結　論

　したがって，甲社は，Ａにつき適用除外要件をすべて満たし，措置法66条の６第１項の適用が除外される。本件各処分はいずれも違法である。

以下，次のとおり略記する。

平成22年法律第６号による改正後の措置法	‥‥‥‥‥‥‥‥ 平成22年改正措置法
平成23年法律第82号による改正後の措置法	‥‥‥‥‥‥‥‥ 平成23年改正措置法
平成22年政令第58号による改正後の措置法施行令	‥‥‥‥‥‥‥‥ 平成22年改正施行令
平成23年政令第199号による改正後の措置法施行令	‥‥‥‥‥‥‥‥ 平成23年改正施行令

(1) 本判決の調査官解説

　最高裁が，本件のような地域統括業務は措置法66条の６第３項にいう「株式の保有に係る事業」に含まれないとした，その判断の過程は，次のとおりです（日置［2020］537〜543頁）。

① 税法の解釈のあり方

　一般に，租税法は侵害規範であり，法的安定性の要請が強く働くから，その解釈は原則として文理解釈によるべきであり，「みだりに規定の文言を離れて解釈すべきものではな〔い〕」（最判平成22年３月２日民集64巻２号420頁。本章**第２節**参照）と解されている。

　そして，規定の趣旨目的との関係では，学説上は，「文理解釈によって規定の意味内容を明らかにすることが困難な場合に，規定の趣旨目的にてらしてその意味内容を明らかにしなければならない」（金子［2021］124頁）とする考え方が有力である。

　最高裁の先例は，〈１〉規定の文理を忠実に解釈したもの，〈２〉規定の趣旨目的に照らして文理を解釈したものの双方があり，その原則的な立場を明らかにしていないが，租税法律主義の趣旨に照らし，文理解釈を基礎とし，規定の文言や当該法令を含む関係法令全体の用語の意味内容を重視しつつ，事案に応じて，その文言の通常の意味内容から乖離しない範囲内で，規定の趣旨目的を考慮することを許容している。

② 「株式の保有に係る事業」の解釈

(i)　「保有」の一般的な意味からすると，「株式の保有に係る事業」は，株式を自己のものとして持ち続けることによって行う事業を意味するように考えられるが，このように捉えても，その範囲は明確でなく，文理解釈によって一義的に確定することは困難である。

(ii)　もっとも，「株式を保有する者は，利益配当請求権等の自益権や株主総会の議決権等の共益権を行使することができるほか，保有に係る株式の運用として売買差益等を得ることが可能であ〔る〕」（本判決。自益権と共益権の内容については，**図表３−５−３**参照）。

　また，「株式の保有『に係る』事業」の文理の意味内容としても，このような株主権（自益権および共益権）の行使や株式の運用に関連する業務は，

株式の保有に係る事業に含まれるものと解することができる（「係る」の意味内容については，**第4章第5節**参照）。

そして，「他の会社に係る議決権の過半数の株式を保有する特定外国子会社等は，…株主権の行使を通じて，当該会社の経営を支配し，これを管理することができる」（本判決）。

図表3－5－3　自益権と共益権

自益権	共益権	
株主が会社から直接に経済的利益を受ける権利 （例） ● 剰余金の配当請求権 ● 残余財産分配請求権 ● 株式買取請求権 ● 株主名簿の名義書換請求権 ● 株券発行請求権 ● 募集株式の割当てを受ける権利	株主が会社経営に参与しあるいは取締役等の行為を監督是正する権利 （例） ● 総会の議決権 ● 説明請求権 ● 提案権 ● 書面交付請求権 ● 累積投票請求権 ● 総会招集権	株主の経営参与
	● 総会決議の取消訴権 ● 株式発行・自己株式処分・新株予約権発行の無効訴権 ● 設立・資本金額減少・組織変更・合併・吸収分割または新設分割・株式交換または株式移転・株式交付の無効訴権 ● 代表訴訟提起権 ● 違法行為の差止請求権 ● 役員の解任請求権 ● 特別清算等申立権 ● 会計帳簿の閲覧権 ● 取締役会の招集請求権 ● 検査役の選任請求権 ● 解散請求権 ● 取締役会議事録など各種書類の閲覧等請求権 ^(注)	取締役等の行為の監督是正

(注)　取締役等の行為の監督是正目的にも行使されるが，株主の投資判断材料を得る目的等にも行使され，後者の場合には自益権的な性格を持つ。
（出所）江頭［2024］130～131頁をもとに作成

(iii)　他方,「他の会社の株式を保有する特定外国子会社等が,〔このような株主権の行使等やこれらを通じた当該会社に対する管理機能の範囲に属する活動を超えて,当該会社と契約を締結すること等により,〕当該会社を統括し管理するための活動として事業方針の策定や業務執行の管理,調整等に係る業務を行う場合,このような業務は,通常,当該会社の業務の合理化,効率化等を通じてその収益性の向上を図ることを直接の目的として,その内容も上記のとおり幅広い範囲に及び,これによって当該会社を含む一定の範囲に属する会社を統括していくものである」(本判決)。

(iv)　そうすると,「〔上記の統括業務を行った〕結果として当該会社の配当額の増加や資産価値の上昇に資することがあるとしても,株主権の行使や株式の運用に関連する業務等とは異なる独自の目的,内容,機能等を有するものというべきであ〔る〕」(本判決)。

　　そして,こうした当該統括業務の役割や機能という面からみれば,「上記の業務が株式の保有に係る事業に包含されその一部を構成すると解するのは相当ではない」(本判決)。

(v)　もっとも,「株式の保有」に係る事業との関係では,平成23年改正措置法が事業持株会社(統括業務を行う統括会社)を株式の保有を主たる事業とする特定外国子会社等から除外したことから,持株会社の概念との関係が問題となる。

(vi)　この点,持株会社は,純粋持株会社と事業持株会社に大別されるものの,現実には中間的なものを含め種々の形態があり,原審は,次のとおり判示した。

> **名古屋高判平成28年2月10日税資266号順号12798**
> 　〔措置法66条の6第3項〕括弧書きの「株式の保有」という文言のみに着目すると,株式を自己のものとして持ち続けることのみを意味するものと見えないではないが,これを事業として行う以上,それによって利益を受けることが当然に含意されているのであり,その利益を得る方法としては,保有する株式数が発行済株式の半数に遠く及ばない者のように,株式発行会社の経営に介入はもとより関与することもなく,単に会社の定めた額の配当を受領するにとどまる場合もあれば,発行済株式の過半を有する者の場合には,株式発行会社を支配し,その人

事や業務内容を自己の意のままに決定することを通じて、より多くの配当を得ようと活動することもあり、独占禁止法9条3項にいう持株会社は、後者の典型例である。したがって、事業としての「株式の保有」とは、単に株式を保有し続けることのみならず、当該株式発行会社を支配しかつ管理するための業務もまた、その事業の一部をなすというべきであり、本件で問題となっている一定地域内にある被支配会社を統括するための諸業務もまた、株式保有業の一部をなし措置法66条の6第3項括弧書きの「事業」に該当することは明らかである。

(vii)　しかしながら、次のとおり、独占禁止法9条3項にいう持株会社については、株式の保有と事業活動の支配とは別の要件と捉えられていた。

田中ほか［1981］530〜531頁
　本条三項は持株会社の定義に関する規定である。この定義規定によれば、「持株会社とは」、(1)株式（社員の持分を含む）を所有することによって国内の会社の事業活動を支配することを、(2)主たる事業とする会社であることを要する、と規定する。まず、ここに「国内の会社の事業活動の支配」とは、株式所有に基づく資本参加によって会社機関の意思形成に決定的な影響力を与えることをもって、本来自由であるべき他会社の事業活動をその主要な事項に関し自己の意思に従って統一的に指揮することである（…）。しかし、支配会社が持株会社として取り扱われるためには、議決権行使を通じて被支配会社の事業活動を具体的に支配していることは必要でなく、株式所有に基づいてこれを可能とする態勢がつくられていれば足りると解する（…）。したがって、他会社の株式を所有する会社でも、単に財産保全のために設立された「同族会社」や株式投資のために株式を所有することを目的とする「投資会社」のようなものは、持株会社に属しない（…）。

正田［1981］18〜19頁
　本条により規制される持株会社とされるためには、(a)株式を所有することにより、(b)国内の会社の事業活動を支配することを、(c)主たる事業とする会社であることを必要とする。
（略）
　「国内の会社の事業活動を支配する」とは、会社の事業活動を、その主要な事項に関して自己の意に従って行わせることを意味する。したがって、具体的には、株式所有にもとづいて、会社の機関である株主総会の構成員として、その会社の事業活動を自己の意に従わせるという点に焦点がおかれる。しかし、当該会社が

持株会社として扱われるためには，その会社が，国内の会社の事業活動を現実に支配していることを必ずしも必要とするわけではない。いまだ具体的に支配が行われていなくても，支配することを業務の主要な内容として行おうとしていることが認定されれば，持株会社として論じられることになる。ただ，すでに設立されている会社が，本条二項に該当するような機能を果たす場合には，現実に株式の所有が行われて他の会社を支配するに十分な態勢が整っていることが，少なくとも必要とされよう。単に財産保全を目的とする財産保全会社や，株式投資会社などの場合には，株式の所有だけで判断されるべきではない。しかし，財産保全会社や株式投資会社であっても，他企業の支配が現実に行われるようなかたちで株式を所有している場合には，それが客観的に事業の重要な部分として判断され，ここにいう持株会社に当該することになる。

(viii) また，特定外国子会社等の営む事業の判定は，原則として日本標準産業分類（総務省）の分類を基準としてこれを行うこととされているところ（平成22年11月30日付課法2－7ほかによる改正前の租税特別措置法関係通達（法人税編）66の6－17），同分類の一般原則は，次のとおり定めている。

日本標準産業分類第1章一般原則
第6項　事業所の分類に際しての産業の決定方法
（略）

　以上が事業所の産業を決定する場合の原則的な方法であるが，主として管理事務を行う本社，支社等の産業，同一経営主体の事業所のみを対象として支援業務を行う事業所及び持株会社といわれる事業所の産業は，次のように取り扱う。
（略）

(3)　会社として事業活動を行う一方，経営権を取得した子会社に対する管理機能を持つ，いわゆる 事業持株会社 である事業所は，当該事業所の主たる経済活動が会社の管理業務である場合には，主として管理業務を行う本社の場合に準じて産業を決定するが，会社としての事業活動を行わず，経営権を取得した会社に対する管理機能（経営戦略の立案・推進，経営の管理・指導，経営資源の最適配分等）を持つ，いわゆる純粋持株会社である事業所は，大分類「L－学術研究，専門・技術サービス業」の「純粋持株会社（7282）」に分類する。

(ix) そして，平成23年改正措置法66条の6第3項でも，株式等の保有を主たる

事業とする特定外国子会社等のうち，他の外国法人の事業活動の総合的な管理および調整を通じて収益性の向上に資する業務（統括業務）を行うものを事業持株会社と定義しており（平成23年改正措置法66条の6第3項については，**図表3－5－6**（149頁）参照），日本標準産業分類（総務省）の一般原則の定めによれば，同会社は，主として管理業務を行う本社の場合に準じた産業分類を行うことが予定されているともいえる。

(x) そうすると，株式の保有に係る事業は，純粋持株会社等，一定の持株会社の行う事業を含むものの，独占禁止法上の持株会社の行う事業が株式の保有に係る事業に包含されると解することはできず，また，持株会社の概念から株式の保有に係る事業を決定することは困難である。

(xi) 以上からすれば，特定外国子会社等が，自益権と共益権から成る株主権の行使等を通じて，議決権の過半数の株式を保有する他の会社に対し，その経営を支配し管理する機能の範囲に属する活動は，事業基準を満たさない「株式の保有に係る事業」に含まれる。

　他方，「他の会社の株式を保有する特定外国子会社等が，〔これらの活動を超えて，当該会社と契約を締結すること等により，〕当該会社を統括し管理するための活動として事業方針の策定や業務執行の管理，調整等に係る業務を行う場合，このような業務は，通常，当該会社の業務の合理化，効率化等を通じてその収益性の向上を図ることを直接の目的として，その内容も上記のとおり幅広い範囲に及び，これによって当該会社を含む一定の範囲に属する会社を統括していくものであるから，…上記の業務が株式の保有に係る事業に包含されその一部を構成すると解するのは相当ではない」（本判決）。

③　**タックス・ヘイブン対策税制の規定の趣旨目的との関係**

(i) タックス・ヘイブン対策税制の立法担当者らは，事業基準の趣旨目的について，次のとおり述べる。

高橋［1979］130～131頁

　特定外国子会社等の営む主たる事業が株式（出資を含む。）若しくは債券の保有，工業所有権その他の技術に関する権利若しくは特別の技術による生産方式及びこれに準ずるもの（当該権利に関する使用権を含む。）若しくは著作権（出版権及び著作隣接権その他これに準ずるものを含む。）の提供又は船舶若しくは航

第3章　最高裁判決にみる税法解釈のあり方　143

空機の貸付けである場合には，その特定外国子会社等は，最初から適用除外の対象とはならないこととされている（措法40の4③，66の6③）。

これは，これらの事業は，その性格からして我が国においても十分行い得るものであり，わざわざタックス・ヘイブン国に所在することについて税負担軽減以外の積極的な経済的合理性を見出すことは困難であるという考え方に立脚したものである。

(ⅱ)　この点，「Aの行っていた地域統括業務は，地域経済圏の存在を踏まえて域内グループ会社の業務の合理化，効率化を目的とするものであって，当該地域において事業活動をする積極的な経済合理性を有することが否定できない」（本判決）。

また，我が国のタックス・ヘイブン対策税制は，租税回避を防止することを目的に導入されたものであることに照らすと，特定外国子会社等において他の外国会社の支配株式を保有しつつ主たる事業として本件のような地域統括業務を行っている場合にまで，タックス・ヘイブン対策税制を及ぼすとすることは，我が国の民間企業の海外における正常かつ合理的な経済活動を阻害することとなるといわざるを得ない。

④　平成22年改正措置法および平成23年改正措置法との関係
　　※措置法66条の6等の改正経緯については，**図表3－5－4～図表3－5－6**（147～149頁）参照。

(ⅰ)　平成22年法律第6号による租税特別措置法の改正によって，株式等の保有を主たる事業とする特定外国子会社等のうち所定の統括業務を行う統括会社を，「株式等の保有」を主たる事業とするものから除外することとされた。

このことから，Aの地域統括業務が株式の保有に係る事業に含まれる一つの業務であって，別個独立の事業とはいえないかが問題となる。

(ⅱ)　しかし，平成22年改正施行令（**図表3－5－5**（148頁）参照）および平成23年改正施行令（**図表3－5－6**（149頁）参照）の規定では，「一の内国法人によってその発行済株式等の全部を直接又は間接に保有されている特定外国子会社等で『次に掲げる要件を満たすもの（以下「**統括会社**」という。）のうち，株式等の保有を主たる事業とするもの』」などと定められており，統括会社が株式の保有に係る事業に包含されるものとは解されない。

そうすると，統括会社であっても株式の保有を主たる事業としないものは，そもそも事業基準の適用の有無が問題となることはないものであると考えられる。

　以上によれば，「平成22年法律第6号による租税特別措置法の改正・・・によって事業基準を満たすこととなる統括会社は，もともと株式等の保有を主たる事業とするものであって・・・，それ以外の統括会社はその対象となるものではないから，これらの改正経過を根拠に・・・Aの行っていた地域統括業務が株式の保有に係る事業に含まれるということはできない」（本判決）。

　なお，平成22年改正措置法は，株式の保有を主たる事業とする特定外国子会社等のうち，従たる事業として統括業務を行っている統括会社につき，新たに事業基準を満たすものとして規定したことに意義があると捉えることができる。これは，平成22年度税制改正の趣旨（財務省［2010］494頁参照）とも整合するものといえる。

財務省［2010］494頁

　外国子会社合算税制は，わが国内国法人等が，わが国よりも著しく税負担の低い国・地域に子会社を設立して国際取引を行うことによって，結果的にわが国での課税を免れるような租税回避行為に対処するためのものですが，その一方で，正常な海外投資活動を阻害しないようにするため，所在地国において独立企業としての実体を備え，かつ，それぞれの業態に応じ，その地において事業活動を行うことに十分な経済合理性があると認められるものとして一定の要件（適用除外基準）を満たす外国子会社等は適用除外とされています。

　ところで，最近のわが国企業のグローバル経営の形態をみると，世界における地域経済圏の形成を背景に，地域ごとの海外拠点を統合する統括会社を活用した経営形態に変化してきています。そうしたいわば「ミニ本社」としての機能を有する統括会社の活用が，地域経済圏に展開するグループ企業の商流の一本化や間接部門（経理・人事・システム・事業管理等）の合理化を通じて，グループ傘下の企業収益の向上に著しく寄与している実状にあります。

　そうした統括会社は，租税回避目的で設立されたものとして捉えるのではなく，その地において事業活動を行うことに十分な経済合理性があるものと評価することが適当であることから，・・・適用除外基準等について見直しが行われました。

(2) 学 説

　本判決については，「株式の保有を主たる事業」の意義について，文言解釈を否定し，本税制の趣旨から限定解釈をしたものであるとする見解があります。

> **今村［2019］31頁**
> 　最高裁平成29年10月24日判決は，措置法66条の6第3項にいう「株式の保有を主たる事業」とするとの意義について，「特定外国子会社等が，当該会社を統括し管理するための活動として事業方針の策定や業務執行の管理，調整等に係る業務を行う場合，このような業務は，通常，当該会社の業務の合理化，効率化等を通じてその収益性の向上を図ることを直接の目的として，その内容も上記のとおり幅広い範囲に及び，これによって当該会社を含む一定の範囲に属する会社を統括していくものであるから，…上記の業務が株式の保有に係る事業に包含されその一部を構成すると解するのは相当ではない。」（下線筆者）として，文言解釈を否定し，限定解釈をした判例である。
> 　これは，措置法66条の6第3項にいう「株式の保有を主たる事業」の文理からすると，株式の保有を通じて地域を統括する事業もこれに含まれるとも考えられるが，上記最高裁判決は，「株式の保有を主たる事業」の文言が必ずしも明確とはいえず，その外延が明確でないとして，タックス・ヘイブン対策税制の趣旨から株式保有業とは「独自の目的，内容，機能等」を有する地域統括事業を除くべきであるとして，限定解釈をしたものと考えられる。

　また，本判決は，文理解釈の結果の妥当性を「補強」するために目的論的解釈を用いた例として挙げられることがあります。

> **谷口［2021］46頁**
> 　文理解釈の結果なお複数の解釈可能性が残る場合には，租税法律主義の下でも，租税法規の趣旨・目的すなわち租税立法者の価値判断を参酌して（趣旨・目的の解釈基準性），租税法規の意味内容を一義的に確定することが許されるし，むしろ，確定しなければならない。このような法解釈の方法は一般に目的論的解釈と呼ばれる。上記の意味での目的論的解釈は，①文理解釈の補完としての目的論的解釈といってよかろう（文理解釈の結果の妥当性を「補強」するためにも用いられることがある。その例として，ホステス報酬源泉徴収事件・最判平成22年3月2日民集64巻2号420頁，地域統括業務適用除外［○○○○］事件・最判平成29

年10月24日民集71巻8号1522頁参照。後者は，国際経済社会における地域統括業務の成立・発展・定着という事実を踏まえた上で「株式保有業」の文理解釈を示したものと解される点でも，注目される）。

まとめ

(1) 「株式の保有に係る事業」の範囲を文理解釈によって一義的に確定することは困難である（日置［2020］537頁）ところ，本判決は，まず，株式を保有する者がなし得ること（株主権の行使や株式の運用のほか，議決権の過半数の株式を保有する場合にあっては，会社に対する管理支配）を指摘します。

　その上で，本判決は，親会社[21]が，子会社との契約に基づき，上記範囲に属する活動を超えて，子会社を統括し管理するための活動として事業方針の策定や業務執行の管理，調整等に係る業務を行い，もって子会社の業務の合理化，効率化を図るような場合には，そのような業務は「株式の保有に係る事業」に包含されるものではないとし，Ａの行う地域統括業務についても同様であるとしています。

(2) 　本判決は，上記(1)の解釈がタックス・ヘイブン対策税制の趣旨目的とも整合するものであることを確認しています。

　具体的には，〈1〉株式の保有を主たる事業とする特定外国子会社等が適用除外基準を満たさないとした趣旨は，その事業をタックス・ヘイブンに所在して行うことについて，積極的な経済合理性を見いだし難いことにある，〈2〉Ａの行う地域統括業務は，その地域において事業活動をする積極的な経済合理性を有することが否定できないから，これが株式の保有に係る事業に含まれると解することは上記〈1〉の趣旨とも整合しないとしています。

(3) 　なお，本判決は，以上の解釈が，平成22年改正後の統括会社特例の規定と齟齬するものではないことを確認しています。

---

(21) ここでは，他の会社の株式を保有する会社を「親会社」と，当該他の会社を「子会社」といいます。

第3章　最高裁判決にみる税法解釈のあり方　　147

図表3－5－4　措置法66条の6等の改正経緯（1）

	措置法・措置法施行令
措置法	**平成21年法律第13号による改正前の措置法66条の6** 1・2　（略） 3　第1項各号に掲げる内国法人に係る特定外国子会社等（株式（出資を含む。）若しくは債券の保有，工業所有権その他の技術に関する権利，特別の技術による生産方式若しくはこれらに準ずるもの（これらの権利に関する使用権を含む。）若しくは著作権（出版権及び著作隣接権その他これに準ずるものを含む。）の提供又は船舶若しくは航空機の貸付けを主たる事業とするものを除く。）がその本店又は主たる事務所の所在する国又は地域においてその主たる事業を行うに必要と認められる事務所，店舗，工場その他の固定施設を有し，かつ，その事業の管理，支配及び運営を自ら行つているものである場合（次項において「**固定施設を有するものである場合**」という。）における第1項の規定の適用については，同項中「調整を加えた金額」とあるのは，「調整を加えた金額から当該特定外国子会社等の事業に従事する者の人件費として政令で定める費用の額の100分の10に相当する金額を控除した金額」とする。 4　第1項及び前項の規定は，第1項各号に掲げる内国法人に係る前項に規定する特定外国子会社等がその本店又は主たる事務所の所在する国又は地域において固定施設を有するものである場合であつて，各事業年度においてその行う主たる事業が次の各号に掲げる事業のいずれに該当するかに応じ当該各号に定める場合に該当するときは，当該特定外国子会社等のその該当する事業年度に係る適用対象留保金額については，適用しない。 一・二　（略）

148

図表３－５－５　措置法66条の６等の改正経緯（２）

	平成22年改正措置法・平成22年改正施行令
措置法	**平成22年法律第６号による改正後の措置法66条の６** １・２　（略） ３　第１項の規定は，同項各号に掲げる内国法人に係る特定外国子会社等（株式等若しくは債券の保有，工業所有権その他の技術に関する権利，特別の技術による生産方式若しくはこれらに準ずるもの（これらの権利に関する使用権を含む。）若しくは著作権（出版権及び著作隣接権その他これに準ずるものを含む。）の提供又は船舶若しくは航空機の貸付け（次項において「**特定事業**」という。）を主たる事業とするもの（株式等の保有を主たる事業とする特定外国子会社等のうち，当該特定外国子会社等が他の外国法人の事業活動の総合的な管理及び調整を通じてその収益性の向上に資する業務を行う場合における当該他の外国法人として政令で定めるものの株式等の保有を行うものとして政令で定めるものを除く。）を除く。）が，その本店又は主たる事務所の所在する国又は地域においてその主たる事業を行うに必要と認められる事務所，店舗，工場その他の固定施設を有し，かつ，その事業の管理，支配及び運営を自ら行つているものである場合であつて，各事業年度においてその行う主たる事業が次の各号に掲げる事業のいずれに該当するかに応じ当該各号に定める場合に該当するときは，当該特定外国子会社等のその該当する事業年度に係る適用対象金額については，適用しない。 一・二　（略）
措置法施行令	**平成22年政令第58号による改正後の措置法施行令39条の17** １・２　（略） ３　法第66条の６第３項に規定する政令で定める特定外国子会社等は，一の内国法人によつてその発行済株式等の全部を直接又は間接に保有されている同条第１項に規定する特定外国子会社等で次に掲げる要件を満たすもの（以下この条において「**統括会社**」という。）のうち，株式等の保有を主たる事業とするもの（当該統括会社の当該事業年度終了の時において有する当該統括会社に係る被統括会社の株式等の帳簿価額の合計額が当該統括会社の当該事業年度終了の時において有する株式等の帳簿価額の合計額の100分の50に相当する金額を超える場合における当該統括会社に限る。）とする。 一　当該特定外国子会社等に係る２以上の被統括会社に対して統括業務を行つていること。 二　その本店所在地国に統括業務に係る事務所，店舗，工場その他の固定施設及び当該統括業務を行うに必要と認められる当該統括業務に従事する者（専ら当該統括業務に従事する者に限るものとし，当該特定外国子会社等の役員及び当該役員に係る法人税法施行令第72条各号に掲げる者を除く。）を有していること。 ４　第１項及び前項各号に規定する統括業務とは，法第66条の６第１項に規定する特定外国子会社等（以下この項及び次項において「**特定外国子会社等**」という。）が被統括会社との間における契約に基づき行う業務のうち当該被統括会社の事業の方針の決定又は調整に係るもの（当該事業の遂行上欠くことのできないものに限る。）であつて，当該特定外国子会社等が２以上の被統括会社に係る当該業務を一括して行うことによりこれらの被統括会社の収益性の向上に資することとなると認められるものをいう。

第3章　最高裁判決にみる税法解釈のあり方　　149

図表3−5−6　措置法66条の6等の改正経緯（3）

	平成23年改正措置法・平成23年改正施行令
措置法	**平成23年法律第82号による改正後の措置法66条の6** 1・2　（略） 3　第1項の規定は，同項各号に掲げる内国法人に係る特定外国子会社等<u>で，株式等若しくは債券の保有，工業所有権その他の技術に関する権利，特別の技術による生産方式若しくはこれらに準ずるもの（これらの権利に関する使用権を含む。）若しくは著作権（出版権及び著作隣接権その他これに準ずるものを含む。）の提供又は船舶若しくは航空機の貸付け（次項において「特定事業」という。）を主たる事業とするもの（株式等の保有を主たる事業とする特定外国子会社等のうち，当該特定外国子会社等が他の外国法人の事業活動の総合的な管理及び調整を通じてその収益性の向上に資する業務として政令で定めるもの（以下この項において「統括業務」という。）を行う場合における当該他の外国法人として政令で定めるものの株式等の保有を行うものとして政令で定めるもの（以下この項において「事業持株会社」という。）を除く。）以外のものが，その本店又は主たる事務所の所在する国又は地域においてその主たる事業（事業持株会社にあつては，統括業務とする。以下この項において同じ。）</u>を行うに必要と認められる事務所，店舗，工場その他の固定施設を有し，かつ，その事業の管理，支配及び運営を自ら行つているものである場合であつて，各事業年度においてその行う主たる事業が次の各号に掲げる事業のいずれに該当するかに応じ当該各号に定める場合に該当するときは，当該特定外国子会社等のその該当する事業年度に係る適用対象金額については，適用しない。 一・二　（略）
措置法施行令	**平成23年政令第199号による改正後の措置法施行令39条の17** 1　法第66条の6第3項に規定する政令で定める業務は，同条第1項に規定する特定外国子会社等<u>（以下第5項までにおいて「特定外国子会社等」という。）</u>が被統括会社<u>（次項に規定する被統括会社をいう。以下この項において同じ。）</u>との間における契約に基づき行う業務のうち当該被統括会社の事業の方針の決定又は調整に係るもの（当該事業の遂行上欠くことのできないものに限る。）であつて，当該特定外国子会社等が2以上の被統括会社に係る当該業務を一括して行うことによりこれらの被統括会社の収益性の向上に資することとなると認められるもの<u>（以下この条において「統括業務」という。）</u>とする。 2・3　（略） 4　法第66条の6第3項に規定する政令で定める特定外国子会社等は，一の内国法人によつてその発行済株式等の全部を直接又は間接に保有されている特定外国子会社等で次に掲げる要件を満たすもの（以下この条において「統括会社」という。）のうち，株式等の保有を主たる事業とするもの（当該統括会社の当該事業年度終了の時において有する当該統括会社に係る被統括会社の株式等の<u>当該事業年度終了の時における貸借対照表に計上されている帳簿価額の合計額が当該統括会社の当該事業年度終了の時において有する株式等の<u>当該貸借対照表に計上されている帳簿価額の合計額の100分の50に相当する金額を超える場合における当該統括会社に限る。）</u>とする。 一　当該特定外国子会社等に係る2以上の被統括会社に対して統括業務を行つていること。 二　その本店所在地国に統括業務に係る事務所，店舗，工場その他の固定施設及び当該統括業務を行うに必要と認められる当該統括業務に従事する者（専ら当該統括業務に従事する者に限るものとし，当該特定外国子会社等の役員及び当該役員に係る法人税法施行令第72条各号に掲げる者を除く。）を有していること。

■参考文献等

高橋 [1979]：高橋元監修『タックス・ヘイブン対策税制の解説』（清文社，1979）

正田 [1981]：正田彬『全訂独占禁止法Ⅱ』（日本評論社，1981）

田中ほか [1981]：田中誠二＝菊地元一＝久保欣哉＝福岡博之＝坂本延夫『コンメンタール独占禁止法』（勁草書房，1981）

判タ [2006]：判例タイムズ1218号212頁（2006）

中里 [2009]：中里実「自動車用燃料〇〇〇〇〇〇に対する軽油引取税の課税の可否」税研148号45頁（2009）

財務省 [2010]：財務省ウェブサイト「平成22年度　税制改正の解説」

財務省 [2011]：財務省ウェブサイト「平成23年度　税制改正の解説」

岩﨑 [2012]：岩﨑政明「源泉徴収税額算出の基礎となる『計算期間の日数』の意義－ホステス報酬に係る源泉所得税」『平成23年度重要判例解説』（有斐閣，2012）209頁

金子 [2014]：金子宏「租税法解釈論序説－若干の最高裁判決を通して見た租税法の解釈のあり方」金子宏＝中里実＝J.マーク・ラムザイヤー編『租税法と市場』（有斐閣，2014）3頁

鎌野 [2014]：鎌野真敬「判解」最高裁判所判例解説民事篇平成22年度（上）122頁（2014）

小林 [2015]：小林宏司「判解」最高裁判所判例解説民事篇平成24年度（上）1頁（2015）

今村 [2019]：今村隆「租税法における解釈のあり方－比較法的研究に基づく考察－」日本法学84巻4号1頁（2019）

日置 [2020]：日置朋弘「判解」最高裁判所判例解説民事篇平成29年度（下）518頁（2020）

金子 [2021]：金子宏『租税法〈第24版〉』（弘文堂，2021）

谷口 [2021]：谷口勢津夫『税法基本講義〈第7版〉』（弘文堂，2021）

江頭 [2024]：江頭憲治郎『株式会社法〈第9版〉』（有斐閣，2024）

TAINS／課税部情報東京（国際課税事例集05）H300500：東京国税局課税第一部統括国税実査官（国際担当）「情報通信類　判例で学ぶ国際課税事例集～図説ケーススタディ～　第5号」

TAINS／課税部情報東京（国際課税事例集07）H300500：東京国税局課税第一部統括国税実査官（国際担当）「情報通信類　判例で学ぶ国際課税事例集～図説ケーススタディ～　第7号」

TAINS／判決速報1178：東京国税局課税第一部国税訟務官室「情報通信類　課税関係訴訟事件判決速報（No.1178）」

第 **4** 章

法令用語のルール

第1節 「及び」「並びに」「又は」「若しくは」「たすき掛け」
第2節 「推定する」「みなす」
第3節 「前項の場合において」「前項に規定する場合において」
　　　 「前項の○○」「前項に規定する○○」
第4節 「その他」「その他の」
第5節 「係る」「当該」「場合」「とき」「時」

第1節 「及び」「並びに」「又は」「若しくは」「たすき掛け」

1．「及び」と「並びに」

(1) 解　説

「及び」と「並びに」は，いずれも，2つ以上の文言を併合的につなぐための接続詞です。

具体的には，以下の①〜④のとおりです（石毛［2020］588〜593頁，法制執務研究会［2018］722〜723頁）。

① 同じ段階で接続する場合[注]

同じ段階で接続する場合は，「及び」が用いられます。

具体的には，「A及びB」というように用いられます。

[注] 並列する文言に意味上の区別を設ける必要がない場合をいいます。

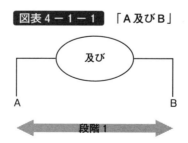

図表4−1−1　「A及びB」

② 同じ段階で，3つ以上の文言を接続する場合

同じ段階で，3つ以上の文言を接続する場合は，最後の2つの文言の接続に「及び」が用いられ，それ以外の接続に「，」が用いられます。

具体的には,「A,B及びC」というように用いられます。

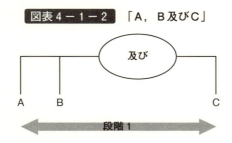

図表4－1－2 「A,B及びC」

③ 接続が2段階になる場合[注]

接続が2段階になる場合は,小さな接続に「及び」が用いられ,大きな接続に「並びに」が用いられます。

具体的には,「A及びB並びにC」というように用いられます。

[注] 並列する文言に意味上の区別がある場合をいいます。

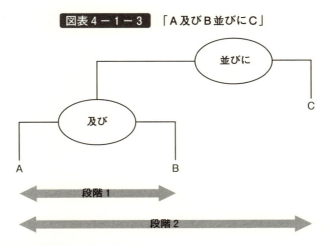

図表4－1－3 「A及びB並びにC」

④ 接続が3段階以上になる場合

接続が3段階以上になる場合は,一番小さな接続だけに「及び」が用いられ,それ以外の接続にはすべて「並びに」が用いられます。

具体的には,「A及びB並びにC並びにD」というように用いられます。

図表4−1−4 「A及びB並びにC並びにD」

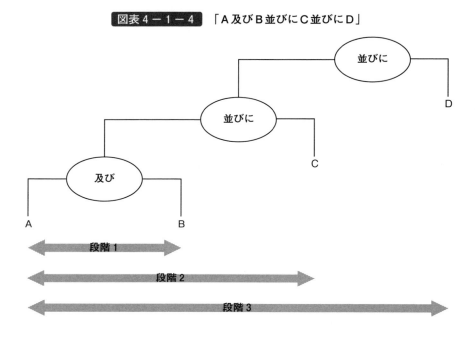

(2) 具体例
① 国税通則法2条4号
国税通則法2条4号は,「附帯税」の定義について,次のとおり規定しています。

国税通則法
(定義)
第2条 この法律において,次の各号に掲げる用語の意義は,当該各号に定めるところによる。
　一〜三 (略)
　四　附帯税
　　　国税のうち⒜延滞税,利子税,過少申告加算税,無申告加算税,不納付加算税及び重加算税をいう。
　五〜十 (略)

下線部⒜を図解すると,**図表4−1−5**のとおりです。

第4章 法令用語のルール 155

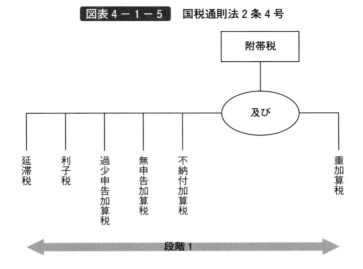

図表4-1-5　国税通則法2条4号

② 国税通則法92条の2

国税通則法92条の2は，審査請求（不服申立て）に係る審理手続の計画的進行について，次のとおり規定しています。

> **国税通則法**
> **（審理手続の計画的進行）**
> **第92条の2**　ⓑ審査請求人，参加人及び次条第1項に規定する原処分庁（以下「**審理関係人**」という。）並びに担当審判官は，簡易迅速かつ公正な審理の実現のため，審理において，相互に協力するとともに，審理手続の計画的な進行を図らなければならない。

下線部ⓑを図解すると，**図表4-1-6**のとおりです。

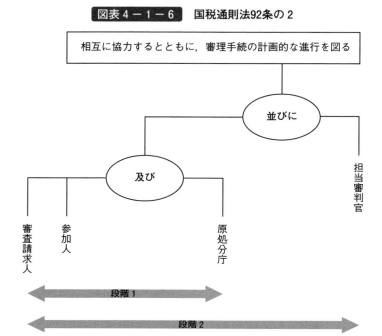

図表4−1−6　国税通則法92条の2

「審査請求人」,「参加人」,「原処分庁」というのは,裁判に例えると,原告や被告などに当たる人たちです。

これに対して,「担当審判官」というのは,いわば裁判官です。

以上の例えをもとに,「原告」,「被告」,「裁判官」を併合的につなぐことを考えてみます。

まず,〈1〉裁かれる側（原告や被告）と〈2〉裁く側（裁判官）とでは立場が異なるので,まず,段階1として,〈1〉裁かれる側の2者のみを「原告及び被告」とつなぎます。

次に,段階2として,〈1〉裁かれる側と〈2〉裁く側とをつなぎます。つまり,「原告及び被告」と「裁判官」とをつなぐと,「原告及び被告並びに裁判官」となります。

国税通則法92条の2も,これと同じような構造になっていると考えることができます（**図表4−1−7**参照）。

図表4－1－7 図表4－1－6のイメージ

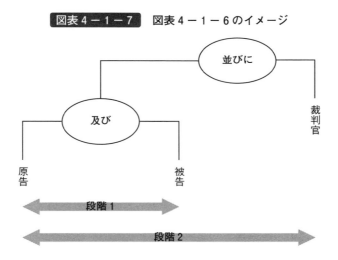

　なお，国税通則法92条の2かっこ書では，「審査請求人，参加人及び次条第1項に規定する原処分庁」を併せて，「審理関係人」と定義しています。

　つまり，この規定は，「審理関係人と担当審判官は，相互に協力するとともに，審理手続の計画的な進行を図らなければならない」という骨格になっているのです（志場ほか［2022］1194頁）。

> **+α　「及び」，「並びに」の留意点**
>
> 　「及び」や「並びに」については，それがどの文言を接続しているかによって，意味内容が大きく異なってくることがあります。
>
> 　例えば，次表の条文①と②は，一見似たような文章ですが，「解釈」欄のとおり，その意味内容は異なっています。
>
> | | 条　文 | 解　釈 |
> |---|---|---|
> | ① | A物質によって汚染された施設及びB物質によって汚染された施設に立ち入ってはならない。 | 「A物質によって汚染された施設への立入り」も「B物質によって汚染された施設への立入り」も禁止される。 |
> | ② | A物質及びB物質によって汚染された施設に立ち入ってはならない。 | 「A物質とB物質の双方によって汚染された施設への立入り」が禁止される。 |
>
> （出所）石毛［2020］593〜594頁をもとに作成

2.「又は」と「若しくは」

(1) 解 説

「又は」と「若しくは」は、いずれも、2つ以上の文言を選択的につなぐための接続詞です。

具体的には、以下の①〜④のとおりです（石毛［2020］645〜648頁、法制執務研究会［2018］800〜801頁）。

① 同じ段階で接続する場合

同じ段階で接続する場合は、「又は」が用いられます。

具体的には、「A又はB」というように用いられます。

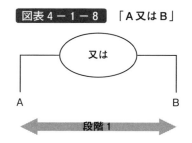

図表4－1－8　「A又はB」

② 同じ段階で、3つ以上の文言を接続する場合

同じ段階で、3つ以上の文言を接続する場合は、最後の2つの文言の接続に「又は」が用いられ、それ以外の接続に「，」が用いられます。

具体的には、「A，B又はC」というように用いられます。

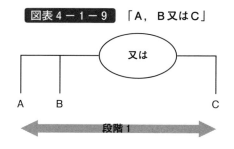

図表4－1－9　「A，B又はC」

③ 接続が2段階になる場合
　接続が2段階になる場合は，小さな接続に「若しくは」が用いられ，大きな接続に「又は」が用いられます。
　具体的には，「A若しくはB又はC」というように用いられます。

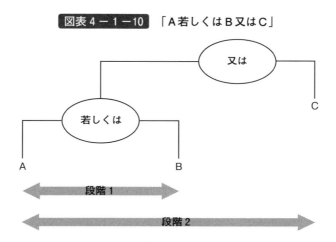

図表4－1－10　「A若しくはB又はC」

④ 接続が3段階以上になる場合
　接続が3段階以上になる場合は，一番大きな接続だけに「又は」が用いられ，それ以外の接続にはすべて「若しくは」が用いられます。
　具体的には，「A若しくはB若しくはC又はD」というように用いられます。

図表 4 − 1 − 11 「A若しくはB若しくはC又はD」

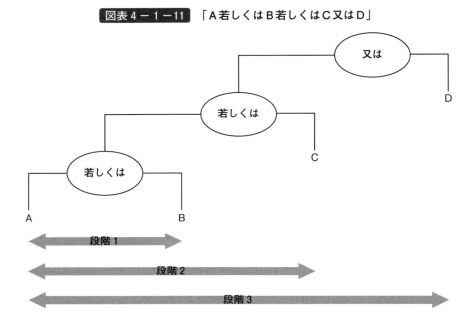

(2) 具体例

① 国税通則法10条1項

国税通則法10条1項は，期間の計算について，次のとおり規定しています。

国税通則法
（期間の計算及び期限の特例）
第10条 国税に関する法律において ⓐ日，月又は年をもつて定める期間の計算は，次に定めるところによる。
　一　期間の初日は，算入しない。ただし，その期間が午前零時から始まるとき，又は国税に関する法律に別段の定めがあるときは，この限りでない。
　二　期間を定めるのに月又は年をもつてしたときは，暦に従う。
　三　前号の場合において，月又は年の始めから期間を起算しないときは，その期間は，最後の月又は年においてその起算日に応当する日の前日に満了する。ただし，最後の月にその応当する日がないときは，その月の末日に満了する。

下線部ⓐを図解すると，**図表 4 − 1 −12**のとおりです。

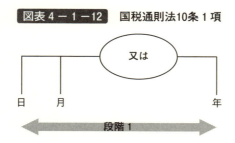

図表4－1－12 国税通則法10条1項

なお、この規定にいう「期間の計算」とは、「…から10日以内」とか、「…から1か月後」というように、計算をしてその期間を明らかにする必要があるものをいいます（志場ほか［2022］220頁）。

期間の計算を要しないものとしては、例えば、所得税法120条1項（確定所得申告）の「2月16日から3月15日まで」があります。

② 国税通則法23条1項

国税通則法23条1項は、更正の請求ができる場合について、次のとおり規定しています。

> **国税通則法**
> **（更正の請求）**
> **第23条** 納税申告書を提出した者は、次の各号のいずれかに該当する場合には、当該申告書に係る国税の法定申告期限から5年（…）以内に限り、税務署長に対し、その申告に係る課税標準等又は税額等（…）につき更正をすべき旨の請求をすることができる。
> 　一　ⓑ<u>当該申告書に記載した課税標準等若しくは税額等の計算が国税に関する法律の規定に従っていなかつたこと又は当該計算に誤りがあつたこと</u>により、当該申告書の提出により納付すべき税額（…）が過大であるとき。
> 　二・三　（略）

下線部ⓑを図解すると、**図表4－1－13**のとおりです（簡便のため、下線部ⓑ冒頭の「当該申告書に記載した」は省略します）。

図表 4 − 1 −13 国税通則法23条1項1号（1）

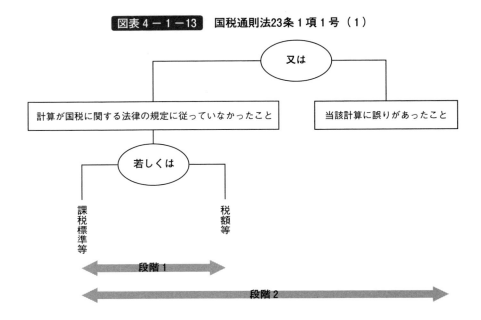

　ここで，下線部ⓑを改めて確認すると，「又は」の後の「当該計算」は，「又は」の前の「課税標準等若しくは税額等の計算」を指すものと解されます。
　この解釈を**図表 4 − 1 −13**に加筆すると，**図表 4 − 1 −14**のとおりとなります。

第4章　法令用語のルール　　163

図表4－1－14　国税通則法23条1項1号（2）

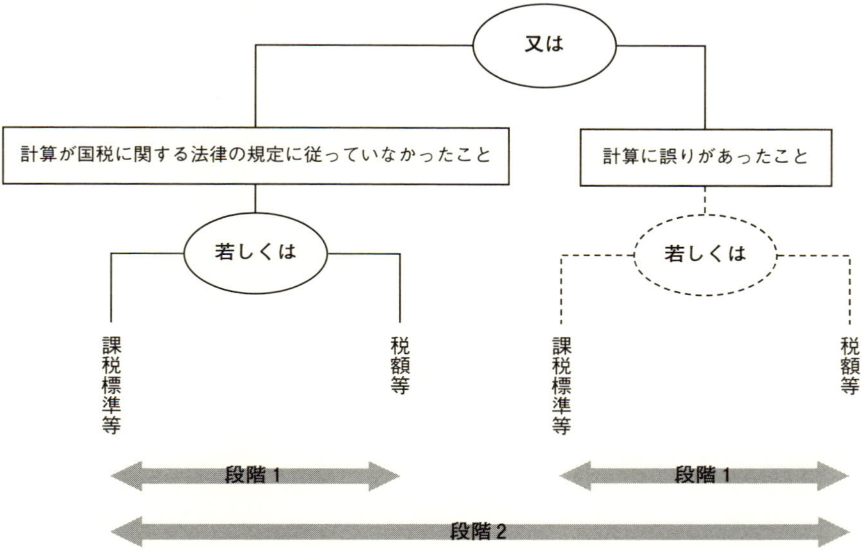

```
                              ┌─────┐
                              │ 又は │
                              └─────┘
          ┌──────────────────────┘        └──────────────────┐
┌─────────────────────────────────┐    ┌──────────────────────┐
│計算が国税に関する法律の規定に従っていなかったこと│    │計算に誤りがあったこと│
└─────────────────────────────────┘    └──────────────────────┘
          ┌───────┐                              ┌─ ─ ─ ─┐
          │ 若しくは │                            ╎ 若しくは ╎
          └───────┘                              └─ ─ ─ ─┘
      ┌──────┴──────┐                        ┌──────┴──────┐
    課税標準等        税額等                 課税標準等        税額等

      ◄──── 段階1 ────►                     ◄──── 段階1 ────►
  ◄─────────────────── 段階2 ───────────────────►
```

+α　**「又は」,「若しくは」の別の用法**

　「又は」や「若しくは」については，次表のとおり，「及び」の意味
も含んで用いられることがあります。

条　文	解　釈
○○業者に対し報告をさせ，又はその職員に○○業者の営業所に立ち入り，帳簿，書類その他の物件を検査させることができる。	「報告をさせること」と「立入検査をさせること」の一方だけを行うことも，その双方を行うこともできる。

（出所）石毛［2020］649頁をもとに作成

3.「たすき掛け」

(1) 解 説

「又は」を用いて結合された文言が，複数組み合わされて規定されている場合があります。

例えば，「A又はBに係るC又はD」というような場合です。

この場合，解釈としては，以下の①と②の可能性があり，いずれであるかは解釈により決定されます（国税不服審判所裁決平成29年10月11日（TAINS／F0-1-878），**図表4－1－15**参照）。

① **すべての組合せを意味する（たすき掛けあり）**

ⅰ　Aに係るC
ⅱ　Aに係るD
ⅲ　Bに係るC
ⅳ　Bに係るD

② **ある特定の組合せのみを意味する（たすき掛けなし）**

ⅰ　Aに係るC
ⅱ　Bに係るD

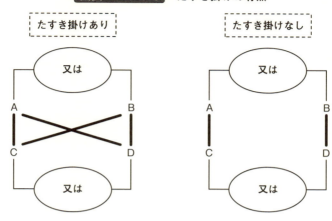

図表4−1−15　たすき掛けの有無

(2) 具体例
① 国税通則法23条2項
　国税通則法23条2項は，後発的事由に基づく更正の請求について，次のとおり規定しています。

> **国税通則法**
> **（更正の請求）**
> **第23条**
> 2　納税申告書を提出した者又は第25条（決定）の規定による決定（…）を受けた者は，次の各号のいずれかに該当する場合（…）には，同項の規定にかかわらず，当該各号に定める期間において，その該当することを理由として同項の規定による更正の請求（…）をすることができる。
> 　一　（略）
> 　二　その㋑申告，更正又は決定に係る課税標準等又は税額等の計算に当たつてその申告をし，又は決定を受けた者に帰属するものとされていた所得その他課税物件が他の者に帰属するものとする当該他の者に係る国税の更正又は決定があつたとき
> 　　　当該更正又は決定があつた日の翌日から起算して2月以内
> 　三　（略）

下線部ⓐについては，例えば，「申告」は，「課税標準等」と組み合わせることができるほか，「税額等」と組み合わせることもできます。
　すなわち，下線部ⓐは，「たすき掛けあり」のパターンであり，これを図解すると，**図表4－1－16**のとおりです。

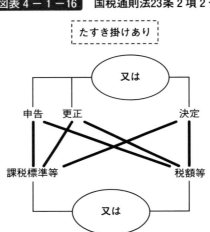

図表4－1－16　国税通則法23条2項2号

②　国税通則法115条2項

　国税通則法115条2項は，訴訟係属中の裁判所に対する再調査決定書又は裁決書の謄本の送付について，次のとおり規定しています。

> **国税通則法**
> **（不服申立ての前置等）**
> **第115条**
> 2　国税に関する法律に基づく処分についてされたⓑ再調査の請求又は審査請求について決定又は裁決をした者は，その決定又は裁決をした時にその処分についての訴訟が係属している場合には，その再調査決定書又は裁決書の謄本をその訴訟が係属している裁判所に送付するものとする。

下線部ⓑについては，「再調査の請求」は，「決定」と組み合わせることができますが，「裁決」と組み合わせることはできません。

また，「審査請求」は，「裁決」と組み合わせることができますが，「決定」と組み合わせることはできません。

すなわち，下線部ⓑは，「たすき掛けなし」のパターンであり，これを図解すると，**図表４－１－17**のとおりです。

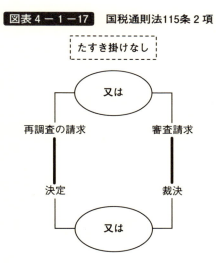

条文解説 **国税通則法115条2項（不服申立制度の概要を含む）**

国税通則法115条2項の背景にある制度の概要は，次のとおりです（**図表4－1－18参照**）。

① 納税者は，税務署長等の行った課税処分に不服がある場合には，不服を申し立てることができます。

② 具体的には，納税者は，課税処分を行った税務署長等に対して不服申立てをすることができます。この不服申立てを「**再調査の請求**」といいます。

再調査の請求を受けた税務署長等は，再調査を行い，その判断を示します。この判断を「**再調査決定**」といいます。

そして，納税者は，再調査決定になお不服がある場合には，国税不服審判所長に不服申立てをすることができます。この不服申立てを「**審査請求**」といいます。

（注） この審査請求は，いわば〝第二審〟に当たります。

③ 上記②の例外として，納税者は，再調査の請求を経なくても，直接，国税不服審判所長に不服申立て（審査請求）をすることができます。

（注） この直接の審査請求は，いわば〝第一審〟に当たります。

④ 上記②，③の審査請求を受けた国税不服審判所長は，調査・審理を行い，その判断を示します。この判断を「**裁決**」といいます。

⑤ 納税者は，裁決になお不服がある場合には，課税処分について訴訟を提起することができます。

⑥ 審査請求がされた日の翌日から起算して3か月を経過しても裁決がない場合には，納税者は，審査請求についての裁決を経なくても，訴訟を提起することができます。

⑦ 裁判所に対して訴訟の提起があった場合においても，国税不服審判所長（税務署長等）は，裁決（決定）をすることができます。この裁決（決定）をしたときは，その内容を裁判所に通知しなければなりません。

この通知は，裁決書（再調査決定書）の謄本を裁判所に送付することにより行います。この裁判所への裁決書（再調査決定書）謄本の送付について定めているのが，国税通則法115条2項ということになります。

（出所） 上記①～⑥：国税不服審判所HP「Q&Aコーナー」
　　　　上記⑦：志場ほか［2022］1334～1335頁

第 4 章 法令用語のルール 169

図表 4 − 1 − 18 国税の不服申立制度の概要

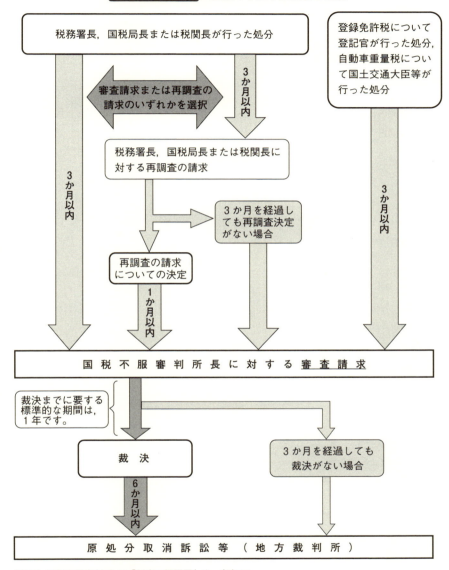

(出所) 国税不服審判所HP「制度の概要図」を一部加工

4．裁判例・裁決事例

「たすき掛け」の有無が争われた事例として，次のものがあります。

- 平成30年裁決（国税不服審判所裁決平成30年12月14日裁決事例集113集135頁）
- 令和3年判決（大阪地判令和3年9月28日月報69巻1号31頁）

平成30年裁決と令和3年判決は，同一の事件についての裁決と判決ですが，「たすき掛け」の有無については，判断が分かれました。

以下，この裁決と判決が示した「たすき掛け」の有無の判断を中心に解説します。

（注）　以下，法人税法施行令を「**施行令**」と，外国子会社配当益金不算入制度を「**配当免税制度**」ということがあります。

(1)　争　点

内国法人（納税者）がその株式を保有している外国法人（株式会社）が，配当免税制度における「外国子会社」に該当するか否か。

(2)　関係法令

施行令22条の4第1項は，「外国子会社」の要件について，次のとおり規定しています。

法人税法施行令
（外国子会社の要件等）
第22条の4　法第23条の2第1項（外国子会社から受ける配当等の益金不算入）に規定する政令で定める要件は，次に掲げる割合のいずれかが100分の25以上であり，かつ，その状態が同項の内国法人が外国法人から受ける同項に規定する剰余金の配当等の額（以下この項，次項及び第4項において「**剰余金の配当等の額**」という。）の支払義務が確定する日（…）以前6月以上（…）継続していることとする。
一　当該外国法人の発行済株式又は出資（その有する自己の株式又は出資を除

く。）の総数又は総額（次号及び第６項において「**発行済株式等**」という。）のうちに当該内国法人（…）が保有しているその株式又は出資の数又は金額の占める割合

二　当該外国法人の発行済株式等のうちの議決権のある⒜株式又は出資の数又は金額のうちに当該内国法人が保有している当該株式又は出資の数又は金額の占める割合

　本件では，下線部ⓐについて，「株式」と「数」の組合せがあることには争いがなく，「株式」と「金額」の組合せがあるかが争われました（**図表４－１－19**参照）。

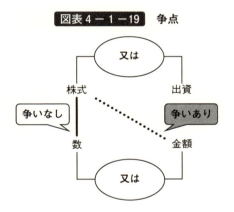

(3)　平成30年裁決の判断

　平成30年裁決が示した「たすき掛け」の有無の判断は，次のとおりです。

ロ　法人税法施行令第22条の４第１項第１号について
（略）
　法人税法第23条の２第１項の制度趣旨は，内国法人が企業グループとしての経営判断に基づき，外国子会社の利益について必要な時期に必要な金額を日本に戻すに当たっての税制上の障害を取り除くことにあるから，同項の「外国子会社」とは，その利益を日本に戻す時期や金額について，当該内国法人が経営判断に基づき決定することができる外国法人であることを前提としていると解される。したがって，法人税法第23条の２第１項を前提とする法人税法施行令

第22条の4第1項第1号の「外国子会社」に該当するか否かは，外国法人の経営判断への内国法人の支配力（影響力）をもって判断すべきである。

　この点，株式会社では，株主が原則として株式数に応じて議決権を有し，株主総会の決議が法令又は定款で定められた数以上の議決権をもって行われるから，外国法人が株式会社である場合には，当該外国法人の経営判断への支配力（影響力）を示すのは株式数である。

　そうすると，外国法人が株式会社である場合，「株式の数」は，まさに当該外国法人の経営判断への支配力（影響力）を示すものであり，外国子会社の判断基準として相当な組合せであるといえる。他方，外国法人が株式会社である場合，「株式の金額」，「出資の金額」及び「出資の数」は，当該外国法人の経営判断への支配力（影響力）を示すものとはいえないから，外国子会社の判断基準として不相当な組合せである。なお，「株式の金額」については，そもそもこれが「株式の券面額（額面金額）」，「株式の払込金額」等の何を意味するのかは不明であり，この点においても，外国子会社の判断基準として不相当な組合せであるということができる。

　したがって，外国法人が株式会社である場合，法人税法施行令第22条の4第1項第1号の規定する外国子会社の判断基準は，「株式の数」の組合せのみを意味すると解するのが相当である。

ハ　法人税法施行令第22条の4第1項第2号について

　法人税法施行令第22条の4第1項第2号は，外国子会社の要件として，「当該外国法人の発行済株式等のうちの議決権のある株式又は出資の数又は金額のうちに当該内国法人が保有している当該株式又は出資の数又は金額の占める割合」が100分の25以上であることを定めている。そして，上記ロで説示したとおり，外国法人が株式会社である場合，当該判断基準は，「議決権のある株式の数」の組合せのみを意味していると解するのが相当である。

この判断のポイントを示すと，次のとおりです。

i　　配当免税制度の趣旨に照らして，条文を解釈している。

ii　　外国法人が株式会社である場合についてのみ，どの組合せが相当であるかを判断している。

iii　　結論として，施行令22条の4第1項2号の「株式又は出資の数又は金額」は，株式会社については，「株式の数」の組合せのみを意味するとしている（**図表4-1-20**参照）。

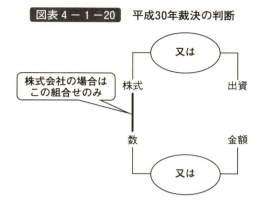

図表4−1−20 平成30年裁決の判断

(4) 令和3年判決の判断

令和3年判決が示した「たすき掛け」の有無の判断は、次のとおりです。

> ア 「議決権のある株式又は出資の数又は金額」の文理
> 　一般に、法令において、「A又はBのC又はD」と規定されている場合、通常、「AのC」、「AのD」、「BのC」及び「BのD」の4通りを意味すると解されるが、文理上、「AのC」及び「BのD」の2通りを意味すると解すべきこともある（例えば、国税通則法115条2項の「再調査の請求又は審査請求について決定又は裁決をした者」は、「再調査の請求について決定をした者」及び「審査請求について裁決をした者」の2通りを意味すると解すべきである。）。
> 　そして、法人税法施行令22条の4第1項2号の「議決権のある株式又は出資の数又は金額」についてみると、「議決権のある株式の数」、「議決権のある株式の金額」、「議決権のある出資の数」及び「議決権のある出資の金額」の4通りを意味すると解しても、いずれも不合理なものとはいえないから、上記の4通りと解するのが文理上は自然ということができる。
>
> イ 外国子会社配当益金不算入制度の沿革
> 　次に、外国子会社配当益金不算入制度の沿革についてみると、外国子会社配当益金不算入制度を定める法人税法23条の2第1項は、平成21年法律第13号による法人税法の一部改正（平成21年改正）によって新たに設けられた規定であるところ、平成21年改正前の法人税法69条8項（旧法人税法69条8項）は、内国法人が「外国子会社」から受ける配当について、間接外国税額控除制度（内国法人が「外国子会社」から配当等を受けた場合、当該「外国子会社」の所得に対して課される外国法人税のうち当該配当等に対応する金額を、当該内国法

人の納付する外国法人税額とみなして，外国税額控除の対象とする制度）を規定していた。

そして，旧法人税法69条8項及びその委任を受けた平成21年政令第105号による改正前の法人税法施行令146条1項（旧法人税法施行令146条1項）は，間接外国税額控除制度の対象となる「外国子会社」の要件を定めていたところ，「外国子会社」の要件については，旧法人税法69条8項は法人税法23条の2第1項と同内容の定めであり，旧法人税法施行令146条1項は法人税法施行令22条の4第1項とそれぞれ同内容の定めであった（旧法人税法69条8項及び旧法人税法施行令146条1項の規定内容は，別紙2「間接外国税額控除制度における外国子会社の要件の定めの沿革」の4〔注：**図表4－1－24**（179頁）〕のとおりである。）。

このように，法人税法23条の2第1項及び法人税法施行令22条の4第1項は，旧法人税法69条8項及び旧法人税法施行令146条1項の「外国子会社」の要件の定めをそれぞれ引き継いだものである。

ウ　間接外国税額控除制度における「外国子会社」の要件の定めの沿革

また，間接外国税額控除制度は，昭和37年法律第45号による法人税法の一部改正によって導入されたものであるところ，間接外国税額控除制度の創設時から最終改正時までにおける「外国子会社」の要件の定めの沿革（「Ⓐ法人税法の定め及びⒷ Ⓐの施行当時の委任命令の定め」，「Ⓒ文理による，株式又は出資の保有割合に係る要件の自然な解釈」）は，別紙2「間接外国税額控除制度における外国子会社の要件の定めの沿革」〔注：**図表4－1－21～図表4－1－24**（176～179頁）〕のとおりである。

これによると，旧法人税法69条8項の施行までは，「外国子会社」の要件として規定されていた「数又は金額の株式又は出資」（別紙2の2Ⓐ〔注：**図表4－1－22**（177頁）「法人税法」欄），「株式又は出資の数又は金額」（別紙2の3Ⓐ〔注：**図表4－1－23**（178頁）「法人税法」欄）という文言は，①「株式の数」又は②「出資の金額」の2通りを意味すると解するのが自然である。他方で，旧法人税法69条8項，旧法人税法施行令146条1項の施行により，「外国子会社」の要件の文言が変更されたことによって（株式又は出資の保有割合に係る要件の分母に相当する部分に関する文言が，「その発行済株式の総数又は出資金額」から「その発行済株式又は出資・・・の総数又は総額」に変更された。），これらの施行後においては，「株式又は出資の数又は金額」という文言は，①「株式の数」，②「株式の金額」，③「出資の数」及び④「出資の金額」の4通りを意味すると解するのが自然である。

第4章　法令用語のルール　175

エ　小括

　　以上の法人税法施行令22条の4第1項2号の規定の文理（上記ア），外国子
　会社配当益金不算入制度の沿革（上記イ），間接外国税額控除制度における
　「外国子会社」の株式又は出資の保有割合に係る要件の定めの沿革（上記ウ）
　等に照らせば，同号の「議決権のある株式又は出資の数又は金額」は，①「議
　決権のある株式の数」，②「議決権のある株式の金額」，③「議決権のある出資
　の数」及び④「議決権のある出資の金額」の4通りを意味するものと解するの
　が相当である。

この判断のポイントを示すと，次のとおりです。

i　　〈1〉施行令22条の4第1項2号の規定の文理，〈2〉配当免税制度の沿革，
　　〈3〉間接外国税額控除制度における「外国子会社」の株式保有割合要件の定
　　めの沿革を踏まえて，条文を解釈している。
ii　　一般に，法令において，「A又はBのC又はD」と規定されている場合，通
　　常，「たすき掛けあり」と解されるが，文理上，「たすき掛けなし」と解すべき
　　こともあるとしている。
iii　配当免税制度における「外国子会社」の要件の定めは，間接外国税額控除制
　　度における「外国子会社」の要件の定めを引き継いだものであるとしている。
iv　　間接外国税額控除制度における「外国子会社」の要件の定めの沿革について，
　　次のとおり述べている（ここでは，議決権のある株式に関する部分に限る）。
　(i)　昭和37年改正後
　　　「発行済みの議決権のある株式の総数の100分の25以上に相当する数の当該
　　株式」と規定されている。
　　　これは，「株式の数」の組合せのみを意味するものと解される。
　(ii)　昭和40年改正後
　　　「発行済株式のうち議決権のある株式の総数の100分の25以上に相当する数
　　の当該株式」と規定されている。
　　　これは，「株式の数」の組合せのみを意味するものと解される。
　(iii)　平成14年改正後
　　　「発行済株式等のうちの議決権のある株式の数又は出資の金額のうちに当
　　該内国法人が保有している当該株式の数又は出資の金額」と規定されている。
　　　これは，〈1〉「株式の数」および〈2〉「出資の金額」の2通りの組合せ
　　を意味するものと解される。

(iv) 平成18年改正後

　「発行済株式等のうちの議決権のある株式又は出資の数又は金額のうちに当該内国法人が保有している当該株式又は出資の数又は金額」と規定されている。

　これは，〈1〉「株式の数」，〈2〉「株式の金額」，〈3〉「出資の数」および〈4〉「出資の金額」の4通りを意味するものと解される。

v　結論として，施行令22条の4第1項2号の「株式又は出資の数又は金額」は，〈1〉「株式の数」，〈2〉「株式の金額」，〈3〉「出資の数」および〈4〉「出資の金額」の4通りを意味するとしている（**図表4－1－25**（180頁）参照）。

図表4－1－21　「外国子会社」の要件の定めの沿革（1）

	法令の定め	文理解釈
Ⓐ 法人税法	**昭和37年法律第45号による改正後の法人税法10条の3第2項** 　内国法人が，この法律の施行地に本店又は主たる事務所を有しない法人で当該内国法人においてその 株式金額 又は 出資金額 の100分の25以上に相当する株式又は出資を有していることその他の命令で定める要件を備えているもの（以下この項において外国子会社という。）	①　その株式金額の100分の25以上に相当する株式を有していること。 ②　その出資金額の100分の25以上に相当する出資を有していること。
Ⓑ 委任命令	**昭和37年政令第95号による改正後の法人税法施行規則23条の5** 　法第10条の3第2項に規定する法施行地に本店又は主たる事務所を有しない法人（以下本項において外国の法人という。）に係る命令で定める要件は，左の各号に掲げる要件とする。 一　法第10条の3第2項の内国法人が当該外国の法人から受ける同項の配当（以下本条において配当という。）の支払が確定する日以前6月以上引き続き，当該外国の法人の 発行済株式の総数 若しくは 出資金額 の100分の25以上に相当する 数の株式 若しくは 金額の出資 又は当該外国の法人の発行済みの議決権のある 株式の総数 の100分の25以上に相当する 数の当該株式 を有すること。 二　当該外国の法人が自ら事業活動を行なうことを目的としない法人又は主として租税上の理由により当該外国に本店若しくは主たる事務所を設けた法人でないこと。	（1号のうち，全ての発行済株式又は出資の保有割合に係る要件について） ①　当該外国の法人の発行済株式の総数の100分の25以上に相当する数の株式を有すること。 ②　当該外国の法人の出資金額の100分の25以上に相当する金額の出資を有すること。 （1号のうち，議決権のある発行済株式又は出資の保有割合に係る要件について） 　当該外国の法人の発行済みの議決権のある株式の総数の100分の25以上に相当する数の当該株式を有すること。

第4章　法令用語のルール　　177

図表4－1－22　「外国子会社」の要件の定めの沿革（2）

	法令の定め	文理解釈
Ⓐ 法 人 税 法	昭和40年法律第34号による改正後の法人税法70条4項 　外国子会社（その 発行済株式の総数 又は 出資金額 の100分の25以上に相当する数又は金額の株式又は出資がその内国法人により所有されていることその他の政令で定める要件を備えている外国法人をいう。…）	①　その発行済株式の総数の100分の25以上に相当する数の株式がその内国法人により所有されていること。 ②　その出資金額の100分の25以上に相当する金額の出資がその内国法人により所有されていること。 　保有割合に係る要件の分母に相当する「その発行済株式の総数又は出資金額」の文言に照らせば，上記のとおり2通りであると解するのが自然である。
Ⓑ 委 任 命 令	昭和40年政令第97号による改正後の法人税法施行令146条1項 　法第70条第4項（外国子会社の配当等に係る外国税額の控除）に規定する政令で定める要件は，次の各号に掲げる要件とする。 一　当該外国法人の 発行済株式の総数 若しくは 出資金額 の100分の25以上に相当する数若しくは金額の株式若しくは出資又は当該外国法人の発行済株式のうち議決権のある 株式の総数 の100分の25以上に相当する数の当該株式が，法第70条第4項の内国法人により，その内国法人が交付を受ける同項に規定する配当等の額の支払義務が確定する日以前6月以上引き続いて所有されていること。 二　自ら事業活動を行うことを目的としない外国法人又は主として租税負担の軽減を目的として外国に本店若しくは主たる事務所を設けた外国法人でないこと。	（1号のうち，全ての発行済株式又は出資の保有割合に係る要件について） ①　当該外国法人の発行済株式の総数の100分の25以上に相当する数の株式が所有されていること。 ②　当該外国法人の出資金額の100分の25以上に相当する金額の出資が所有されていること。 （1号のうち，議決権のある発行済株式又は出資の保有割合に係る要件について） 　当該外国法人の発行済株式のうち議決権のある株式の総数の100分の25以上に相当する数の当該株式が所有されていること。

178

図表４－１－23 「外国子会社」の要件の定めの沿革（３）

	法令の定め	文理解釈
Ⓐ 法 人 税 法	平成14年法律第79号による改正後の法人税法69条8項 　外国子会社（当該内国法人が保有している株式又は出資の数又は金額がその発行済株式の総数又は出資金額（その有する自己の株式又は出資を除く。）の100分の25以上に相当する数又は金額となっていることその他の政令で定める要件を備えている外国法人をいう。）	①　当該内国法人が保有しているその株式の数がその発行済株式の総数^(注)の100分の25以上に相当する数となっていること。 ②　当該内国法人が保有しているその出資の金額がその出資金額^(注)の100分の25以上に相当する金額となっていること。 　保有割合に係る要件の分母に相当する「その発行済株式の総数又は出資金額」の文言に照らせば，上記のとおり２通りであると解するのが自然である。
Ⓑ 委 任 命 令	平成14年政令第271号による改正後の法人税法施行令146条1項 　法第69条第8項（外国子会社の配当等に係る外国税額の控除）に規定する政令で定める要件は，次に掲げる割合のいずれかが100分の25以上であり，かつ，その状態が同項の内国法人が当該外国法人から受ける利益の配当又は剰余金の分配の額（以下この項及び次条において「配当等の額」という。）の支払義務が確定する日以前6月以上（当該外国法人が当該確定する日以前6月以内に設立された法人である場合には，その設立の日から当該確定する日まで）継続していることとする。 一　当該外国法人の発行済株式の総数又は出資金額（その有する自己の株式又は出資を除く。以下この条において「発行済株式等」という。）のうちに当該内国法人…が保有しているその株式の数又は出資の金額の占める割合 二　当該外国法人の発行済株式等のうちの議決権のある株式の数又は出資の金額のうちに当該内国法人が保有している当該株式の数又は出資の金額の占める割合	（1号について） ①　当該外国法人の発行済株式の総数^(注)のうちに当該内国法人が保有しているその株式の数の占める割合が100分の25以上であること。 ②　当該外国法人の出資金額^(注)のうちに当該内国法人が保有しているその出資の金額の占める割合が100分の25以上であること。 （2号について） ①　当該外国法人の発行済株式の総数^(注)のうちの議決権のある株式の数のうちに当該内国法人が保有している当該株式の数の占める割合が100分の25以上であること。 ②　当該外国法人の出資金額^(注)のうちの議決権のある出資の金額のうちに当該内国法人が保有している当該出資の金額の占める割合が100分の25以上であること。

(注)　その有する自己の株式又は出資を除く。

第4章　法令用語のルール　　179

図表4－1－24　「外国子会社」の要件の定めの沿革（4）

	法令の定め	文理解釈
Ⓐ 法人税法	**平成18年法律第10号による改正後の法人税法69条8項** 　外国子会社（当該内国法人が保有しているその<u>株式又は出資の数又は金額がその発行済株式又は出資（その有する自己の株式又は出資を除く。）の総数又は総額の100分の25以上に相当する数又は金額</u>となっていることその他の政令で定める要件を備えている外国法人をいう。）	①　当該内国法人が保有しているその株式の数がその発行済株式^(注)の総数の100分の25以上に相当する数となっていること。 ②　当該内国法人が保有しているその株式の金額がその発行済株式^(注)の総額の100分の25以上に相当する金額となっていること。 ③　当該内国法人が保有しているその出資の数がその出資^(注)の数の100分の25以上に相当する数となっていること。 ④　当該内国法人が保有しているその出資の金額がその出資^(注)の金額の100分の25以上に相当する金額となっていること。
Ⓑ 委任命令	**平成18年政令第125号による改正後の法人税法施行令146条1項** 　法第69条第8項（外国子会社の配当等に係る外国税額の控除）に規定する政令で定める要件は，次に掲げる割合のいずれかが100分の25以上であり，かつ，その状態が同項の内国法人が当該外国法人から受ける利益の配当又は剰余金の分配の額（以下この項及び次条において「配当等の額」という。）の支払義務が確定する日以前6月以上（当該外国法人が当該確定する日以前6月以内に設立された法人である場合には，その設立の日から当該確定する日まで）継続していることとする。 一　当該外国法人の<u>発行済株式又は出資（その有する自己の株式又は出資を除く。）の総数又は総額（以下この条において「発行済株式等」という。）のうちに当該内国法人…が保有しているその株式又は出資の数又は金額の占める割合</u> 二　当該外国法人の<u>発行済株式等のうちの議決権のある株式又は出資の数又は金額のうちに当該内国法人が保有している当該株式又は出資の数又は金額の占める割合</u>	（1号について） ①　当該外国法人の発行済株式の総数^(注)のうちに当該内国法人が保有しているその株式の数の占める割合が100分の25以上であること。 ②　当該外国法人の発行済株式の総額^(注)のうちに当該内国法人が保有しているその株式の金額の占める割合が100分の25以上であること。 ③　当該外国法人の出資の総数^(注)のうちに当該内国法人が保有しているその出資の数の占める割合が100分の25以上であること。 ④　当該外国法人の出資の総額^(注)のうちに当該内国法人が保有しているその出資の金額の占める割合が100分の25以上であること。 （2号について） ①　当該外国法人の発行済株式の総数^(注)のうちの議決権のある株式の数のうちに当該内国法人が保有している当該株式の数の占める割合が100分の25以上であること。 ②　当該外国法人の発行済株式の総額^(注)のうちの議決権のある株式の金額のうちに当該内国法人が保有している当該株式の金額の占める割合が100分の25以上であること。 ③　当該外国法人の出資の総数^(注)のうちの議決権のある出資の数のうちに当該内国法人が保有しているその出資の数の占める割合が100分の25以上であること。 ④　当該外国法人の出資の金額^(注)のうちの議決権のある出資の金額のうちに当該内国法人が保有しているその出資の金額の占める割合が100分の25以上であること。

(注)　その有する自己の株式又は出資を除く。

図表 4 − 1 − 25　令和 3 年判決の判断

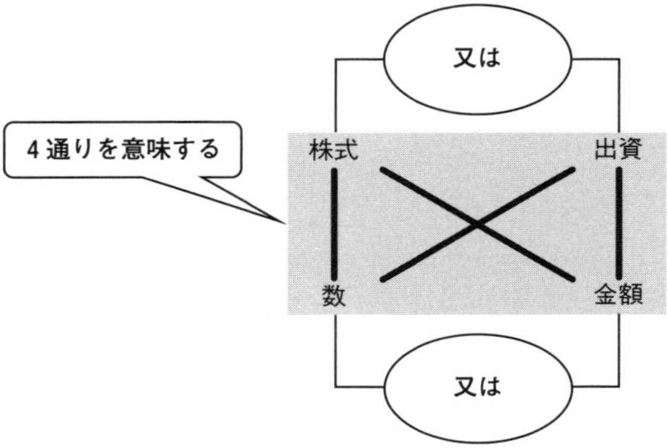

+α　**平成30年裁決と令和 3 年判決の異同**

　　平成30年裁決と令和 3 年判決とでは，「たすき掛け」の有無について判断が分かれましたが，最終的な結論としては，いずれも国側の〝勝ち〟となりました。

　　これは，令和 3 年判決は，法令解釈としては， 4 通りの組合せがあると判断したものの，保有割合（25％以上）の判定においては，実際上意味のある組合せは， 1 通りのみであると判断したためです。

　　具体的には，令和 3 年判決は，次のとおり判断しました。

① 「議決権のある株式の金額」の保有割合に係る要件の「株式の金額」とは，その文理および規定の趣旨（注）に照らせば，株式の額面金額をいう。

　　本件の外国法人の株式は，議決権はあるものの，額面金額がない株式である。そうすると，その株式について，その額面金額を観念することはできず，「議決権のある株式の金額」は存在しない。

　　したがって，本件の外国法人は，その発行済株式等のうちの「議決権のある株式の金額」のうちに内国法人（納税者）が保有している当該株式の金額の占める割合が25％以上であるという要件を満たさない。

（注）　どのような法人を外国子会社配当益金不算入制度の対象とするかについては，内国法人が外国法人に対して実質的な支配力を有しているか否かに関わらない簡明な判定基準を採用することも許容するものと解するのが相当である。

② 施行令22条の4第1項2号は，外国法人が株式を発行する法人である場合，「議決権のある出資の数」または「議決権のある出資の金額」の各保有割合により判定することを想定していない。

本件の外国法人は，株式を発行する法人であるから，「議決権のある出資の数」または「議決権のある出資の金額」の保有割合によって判定することはできない。

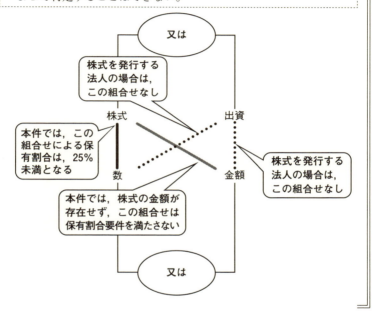

第2節 「推定する」「みなす」

1．「推定する」

(1) 解　説

「推定する」とは，ある事柄について，当事者間に取決めがない場合や事実の存在が不明確である場合に，法令が，一応，一定の事実状態にあるものとして判断し，そのように取り扱うことをいいます（法制執務研究会［2018］750頁）。

したがって，当事者間に別段の取決めがあり，または，反対の証拠がある場合には，推定は覆され，その取決めまたは証拠に基づいた取扱いがなされます（石毛［2020］609頁）。

(2) 具体例

国税通則法12条2項は，書類の送達時の推定について，次のとおり規定しています。

> **国税通則法**
> **（書類の送達）**
> **第12条**
> 　2　通常の取扱いによる郵便又は信書便によつて…書類を発送した場合には，その郵便物又は…信書便物（…）は，通常到達すべきであつた時に送達があつたものと ⓐ推定する。

下線部ⓐは，「推定」ですから，「通常到達すべきであつた時」よりも遅く送達があったとか，送達の事実がなかったという反証があれば，推定は覆されま

す（志場ほか［2022］240頁，**図表 4 − 2 − 1** 参照）。

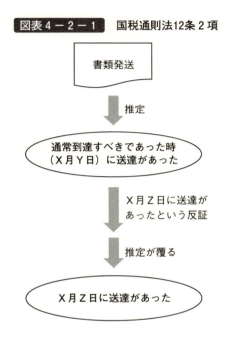

2．「みなす」

(1) 解 説

「みなす」とは，ある事物（以下「**A**」といいます）と性質を異にする他の事物（以下「**B**」といいます）について，一定の法律関係において，Ａと同一視して，Ａについて生ずる法的効果をＢについて生じさせることをいいます（法制執務研究会［2018］751頁）。

「みなす」は，同一の事物でないこと（ＢはＡでないこと）の反証を許さず，一定の法律関係に関する限り，絶対にこれを同一視します（つまり，ＢはＡであるとして取り扱います）。この点において，「推定する」とは異なります（石毛［2020］610頁）。

(2) 具体例

国税通則法14条2項・3項は，公示送達の方法およびその効力について，次のとおり規定しています。

国税通則法
（公示送達）
第14条
2　公示送達は，送達すべき書類の名称，その送達を受けるべき者の氏名及び税務署長その他の行政機関の長がその書類をいつでも送達を受けるべき者に交付する旨を当該行政機関の掲示場に掲示して行なう。
3　前項の場合において，掲示を始めた日から起算して7日を経過したときは，書類の送達があつたものと⒜みなす。

実際には，書類を送達させることが不可能な状況にあるところ，下線部⒜により，官庁の掲示場に掲示を始めた日から7日を経過した日に，書類送達の効力が生じます（志場ほか［2022］251頁，**図表4－2－2**参照）。

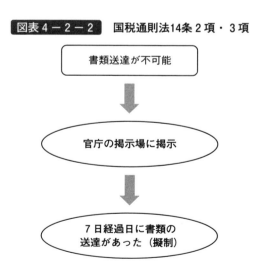

第4章　法令用語のルール　185

用語解説　公示送達

　　公示送達とは，民事訴訟法上の送達の一種で，当事者の住所，居所その他送達をすべき場所が不明である場合など，書類を実際に到達させることが不可能な場合に，一定の公示手続を執り，公示後一定期間が経過したときは，送達の効力が生ずることとする制度をいいます（法律用語辞典）。

＋α　「とする」

　　「みなす」と一見似ている用語として，「とする」があります。

　　「とする」は，「制度的に，そのように決める」という場合に主として用いられます。

　　例えば，法人税法11条の「帰属するものとして〔＝とする〕」は，「みなす」ことをしなくても，本来そのように扱っておかしくない性質をもっている（収益は実際上，実質所得者に帰属している）ので，制度としてそのように決めるという意味になります（荒井［1975］115〜116頁）。

> **法人税法**
> **（実質所得者課税の原則）**
> **第11条**　資産又は事業から生ずる収益の法律上帰属するとみられる者が単なる名義人であつて，その収益を享受せず，その者以外の法人がその収益を享受する場合には，その収益は，これを享受する法人に帰属するものとして，この法律の規定を適用する。

第3節 「前項の場合において」「前項に規定する場合において」「前項の〇〇」「前項に規定する〇〇」

1．「前項の場合において」

(1) 解　説

「前項の場合において」は，項を改めて，前項で規定された事項の補足的事項を定める場合に用いられます。すなわち，「前項の場合において」は，前項の全部を受けるものです（法制執務研究会［2018］764～765頁）。

なお，項を改めて規定するまでもないときは，同一の項に「この場合において」として規定されます（石毛［2020］617頁）。

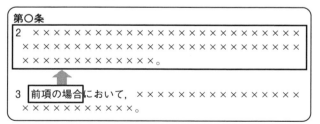

図表4－3－1　「前項の場合において」

(2) 具体例

国税通則法14条2項・3項は，公示送達の方法およびその効力について，次のとおり規定しています。

第 4 章　法令用語のルール　　**187**

国税通則法
（公示送達）
第14条
2　ⓐ公示送達は，送達すべき書類の名称，その送達を受けるべき者の氏名及び
　税務署長その他の行政機関の長がその書類をいつでも送達を受けるべき者に交
　付する旨を当該行政機関の掲示場に掲示して行なう。
3　ⓑ前項の場合において，掲示を始めた日から起算して 7 日を経過したときは，
　書類の送達があつたものとみなす。

　下線部ⓑの「前項の場合」は，下線部ⓐの「公示送達は，…行なう。」の全
部を受け，その補足的事項を定めているものと解されます。

2 ．「前項に規定する場合において」

(1)　解　説

　「前項に規定する場合において」は，前項中の次の部分（仮定的条件の部分）
を受けて，「その場合」という意味を表そうとするときに用いられます（法制
執務研究会［2018］764〜765頁）。

- 「…の場合において」
- 「…の場合において，…のときは」
- 「…のときは」

　すなわち，「前項に規定する場合において」は，前項の一部（仮定的条件の部
分）のみを受けるものです（石毛［2020］617頁）。

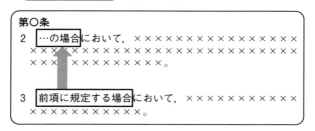

図表4-3-2　「前項に規定する場合において」

(2) 具体例

　法人税法135条1項・2項は，仮装経理法人税額の不還付について，次のとおり規定しています。

> **法人税法**
> **（仮装経理に基づく過大申告の場合の更正に伴う法人税額の還付の特例）**
> 第135条　ⓐ内国法人の提出した確定申告書に記載された各事業年度の所得の金額が当該事業年度の課税標準とされるべき所得の金額を超え，かつ，その超える金額のうちに事実を仮装して経理したところに基づくものがある場合において，税務署長が当該事業年度の所得に対する法人税につき更正をしたとき（当該内国法人につき当該事業年度終了の日から当該更正の日の前日までの間に第3項各号又は第4項各号に掲げる事実が生じたとき及び当該内国法人を被合併法人とする適格合併に係る合併法人につき当該適格合併の日から当該更正の日の前日までの間に当該事実が生じたときを除く。）は，当該事業年度の所得に対する法人税として納付された金額で政令で定めるもののうち当該更正により減少する部分の金額でその仮装して経理した金額に係るもの（以下この条において「仮装経理法人税額」という。）は，次項，第3項又は第7項の規定の適用がある場合のこれらの規定による還付金の額を除き，還付しない。
> 2　ⓑ前項に規定する場合において，同項の内国法人（…）の前項の更正の日の属する事業年度開始の日前1年以内に開始する各事業年度の所得に対する法人税の額（附帯税の額を除く。）で当該更正の日の前日において確定しているもの（以下この項において「確定法人税額」という。）があるときは，税務署長は，その内国法人に対し，当該更正に係る仮装経理法人税額のうち当該確定法人税額（既にこの項の規定により還付をすべき金額の計算の基礎となつたものを除く。）に達するまでの金額を還付する。

下線部ⓑの「前項に規定する場合」は、下線部ⓐの「…場合において、…とき（…とき及び…ときを除く。）は」という部分を受けるものと解されます。

すなわち、下線部ⓑの「前項に規定する場合」とは、仮装経理に基づく過大申告につき更正があった場合で、かつ、第3項各号または第4項各号に掲げる事実などが生じていない場合をいうものと解されます（DHCコンメンタール法人税法）。

3．「前項の〇〇」「前項に規定する〇〇」

(1) 解　説

「前項の〇〇」、「前項に規定する〇〇」は、その前項において特定の意味内容をもつ語句または事項を、その特定の意味内容のまま用いることを示す趣旨に用いられます（法制執務研究会［2018］758頁）。

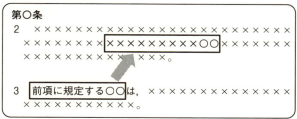

図表4－3－3　「前項の〇〇」「前項に規定する〇〇」

(2) 具体例
① 国税通則法21条2項・3項

国税通則法21条2項・3項は、納税申告書の提出先について、次のとおり規定しています。

> **国税通則法**
> **（納税申告書の提出先等）**
> **第21条**
> 2 所得税，法人税，地方法人税，相続税，贈与税，地価税，課税資産の譲渡等
>   に係る消費税又は電源開発促進税に係る納税申告書については，当該申告書に
>   係る課税期間が開始した時（課税期間のない国税については，その納税義務の
>   成立の時）以後にその納税地に異動があつた場合において，⒜納税者が当該異
>   動に係る納税地を所轄する税務署長で現在の納税地を所轄する税務署長以外の
>   ものに対し当該申告書を提出したときは，⒝その提出を受けた税務署長は，当
>   該申告書を受理することができる。この場合においては，当該申告書は，現在
>   の納税地を所轄する税務署長に提出されたものとみなす。
> 3 ⒞前項の納税申告書を受理した税務署長は，当該申告書を現在の納税地を所
>   轄する税務署長に送付し，かつ，その旨をその提出をした者に通知しなければ
>   ならない。

　2項は，納税地の異動があった場合に，納税者が誤って旧納税地の所轄税務署長に納税申告書を提出したようなときに，その提出を受けた税務署長がその申告書を受理できることとしたものです（志場ほか［2022］345頁）。

　3項は，このようにして納税申告書が現在の納税地の所轄税務署長以外の税務署長により受理された場合には，その税務署長は，その申告書を本来の提出先である現在の納税地の所轄税務署長に送付し，かつ，その旨をその提出者に通知することとしたものです（志場ほか［2022］346頁）。

　以上のとおり，下線部ⓒの「前項の納税申告書を受理した税務署長」は，「納税者が当該異動に係る納税地を所轄する税務署長で現在の納税地を所轄する税務署長以外のものに対し当該申告書を提出したとき」（下線部ⓐ）における「その提出を受けた税務署長」（下線部ⓑ）を受けているものと解されます。

②　国税通則法12条1項・2項

　国税通則法12条1項・2項は，書類の送達について，次のとおり規定しています。

第4章　法令用語のルール　　191

国税通則法

（書類の送達）

第12条 ⓓ国税に関する法律の規定に基づいて税務署長その他の行政機関の長又はその職員が発する書類は、郵便若しくは民間事業者による信書の送達に関する法律（平成14年法律第99号）第2条第6項（定義）に規定する一般信書便事業者若しくは同条第9項に規定する特定信書便事業者による同条第2項に規定する信書便（以下「**信書便**」という。）による送達又は交付送達により、その送達を受けるべき者の住所又は居所（事務所及び事業所を含む。以下同じ。）に送達する。ただし、その送達を受けるべき者に納税管理人があるときは、その住所又は居所に送達する。

2　通常の取扱いによる郵便又は信書便によつてⓔ前項に規定する書類を発送した場合には、その郵便物又は民間事業者による信書の送達に関する法律第2条第3項（定義）に規定する信書便物（以下「**信書便物**」という。）は、通常到達すべきであつた時に送達があつたものと推定する。

1項は、国税に関する法律の規定に基づいて税務署長その他の行政機関の長またはその職員が発する書類は、次の(i)または(ii)により、原則として、その送達を受けるべき者の住所または居所等に送達することとしたものです（志場ほか［2022］235頁）。

（i）　郵便または信書便による発送

（ii）　交付送達

2項は、通常の取扱いによる郵便または信書便によって書類を発送した場合には、その事実のある限り、通常到達すべきであった時に送達があったものと推定するとしたものです（志場ほか［2022］240頁）。

この条の規定により送達される書類は、「国税に関する法律の規定に基づいて税務署長その他の行政機関の長又はその職員が発する書類」です（志場ほか［2022］235頁）。

すなわち、下線部ⓔの「前項に規定する書類」は、「国税に関する法律の規定に基づいて税務署長その他の行政機関の長又はその職員が発する書類」（下線部ⓓ）を受けているものと解されます。

用語解説　交付送達

　　交付送達とは，送達を実施する機関が送達の名宛人に対し原則
として送達場所（住所，居所，営業所など）において，直接書類
を手渡して送達することをいいます（法律用語辞典）。

+α　「…に掲げる」

　　「…に規定する」のほか，「…に掲げる」という言葉もあります。
　　「…に掲げる」は，号などに全体として掲げられている名詞や名詞
句などを引用する場合に用いられる言葉です（荒井［1975］181〜182
頁）。
　　応用例として，柱書の「次の各号に掲げる○○」，「当該各号に定め
る□□」を受けて，各号で「○○␣□□」（␣は1字分のスペース）
と定めている条文があります。
　　この条文の読み方を図解すると，次のとおりです。

```
国税通則法
（納税義務の成立及びその納付すべき税額の確定）
第15条
2　納税義務は，　次の各号に掲げる国税　（第1号から第13号まで
　において，附帯税を除く。）については，　当該各号に定める時
　（当該国税のうち政令で定めるものについては，政令で定める時）
　に成立する。
　一　所得税（次号に掲げるものを除く。）　暦年の終了の時
　二〜十五　（略）
```

第4節 「その他」「その他の」

1.「その他」

(1) 解 説

　「その他」は、「その他」の前にある字句と「その他」の後にある字句とが並列の関係にある場合に用いられます（法制執務研究会［2018］766頁）。

　例えば、「A，Bその他C」という法律の規定がある場合、AとBとCは、並列の関係にあることを示します。

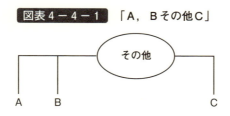

図表4－4－1　「A，Bその他C」

　また、「Aその他政令で定めるもの」という法律の規定があって、政令に「B，C及びD」と定められている場合、「A」と「B，C及びD」（政令で定めるもの）とは、並列の関係にあることになります。

　この場合、「A」は、政令に定められていませんが、当然、上記法律の規定の対象となります（法制執務研究会［2018］766頁）。

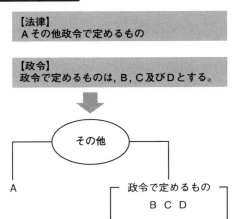

(2) 具体例

　国税通則法36条2項は，納税の告知の手続について，次のとおり規定しています。

> **国税通則法**
> **(納税の告知)**
> **第36条**
> 2　前項の規定による納税の告知は，税務署長が，政令で定めるところにより，納付すべき税額，納期限及び納付場所を記載した納税告知書を送達して行う。ただし，ⓐ担保として提供された金銭をもつて消費税等を納付させる場合その他ⓑ政令で定める場合には，納税告知書の送達に代え，当該職員に口頭で当該告知をさせることができる。

　下線部ⓑについて，国税通則法施行令8条2項は，次のとおり規定しています。

第4章　法令用語のルール　　195

> **国税通則法施行令**
> **（納税の告知に係る納期限等）**
> **第8条**
> 2　法第36条第2項ただし書に規定する政令で定める場合は，ⓒ本邦に入国する者が入国の際に携帯して輸入する物品につき課する消費税等を税関の当該職員に即納させる場合その他ⓓ特別の必要に基づき国税を当該職員に即納させる場合とする。

　国税通則法36条2項の下線部ⓐと国税通則法施行令8条2項の下線部ⓒ，ⓓの関係を図解すると，**図表4－4－3**のとおりとなります。

図表4－4－3　　国税通則法36条2項と政令の定め

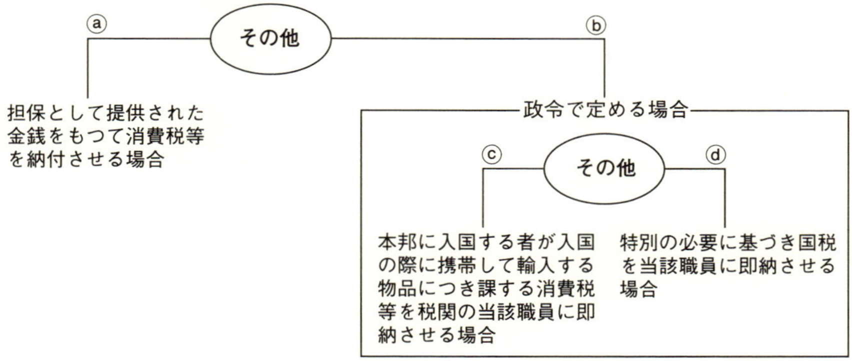

　図表4－4－3において，下線部ⓐ，ⓒ，ⓓの各事項は，並列の関係にあるものと解されます。

2．「その他の」

(1)　解　説

　「その他の」は，「その他の」の前にある字句が，「その他の」の後にある字句の例示として，その中に包含される場合に用いられます（石毛［2020］620頁）。

例えば，「A，Bその他のC」という法律の規定がある場合，AとBは，Cに包含される関係にあることを示します。

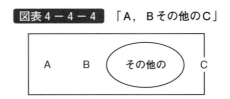

図表4-4-4 「A，Bその他のC」

また，「Aその他の政令で定めるもの」という法律の規定があったとしても，「A」が，当然にこの規定の対象となるわけではありません。

「A」がこの規定の対象となる場合には，政令において，「A」が改めて定められているはずです（法制執務研究会［2018］766頁）。

もし，「政令」に「A，B，Cその他D」と定められている場合，「A，B，Cその他D」が，上記法律の規定の対象となります。

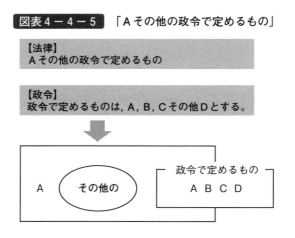

図表4-4-5 「Aその他の政令で定めるもの」

(2) **具体例**

国税通則法46条の2第1項は，納税猶予の申請手続について，次のとおり規定しています。

第 4 章　法令用語のルール　　197

国税通則法

（納税の猶予の申請手続等）

第46条の2　前条第 1 項の規定による納税の猶予の申請をしようとする者は，ⓐ同項の災害によりその者がその財産につき相当な損失を受けたことの事実の詳細，ⓑ当該猶予を受けようとする金額及びⓒその期間その他のⓓ政令で定める事項を記載した申請書に，当該事実を証するに足りる書類を添付し，これを税務署長等に提出しなければならない。

　下線部ⓓについて，国税通則法施行令15条の 2 第 1 項は，次のとおり規定しています。

国税通則法施行令

（納税の猶予の申請手続等）

第15条の2　法第46条の 2 第 1 項（納税の猶予の申請手続等）に規定する政令で定める事項は，次に掲げる事項とする。

　　一　ⓔ法第46条第 1 項（納税の猶予の要件等）の災害によりその者がその財産につき相当な損失を受けたことの事実の詳細（財産の種類ごとの損失の程度その他の被害の状況を含む。）

　　二　ⓕ納付すべき国税の年度，税目，納期限及び金額

　　三　ⓖ前号の金額のうち当該猶予を受けようとする金額

　　四　ⓗ当該猶予を受けようとする期間

　国税通則法46条の 2 第 1 項の下線部ⓐ〜ⓒと，国税通則法施行令15条の 2 第 1 項の下線部ⓔ〜ⓗとの対応関係を図解すると，**図表 4 － 4 － 6** のとおりとなります。

図表4－4－6	国税通則法46条の2第1項と政令の定め

国税通則法46条の2第1項	国税通則法施行令15条の2第1項

ⓐ同項〔注：法46条1項〕の災害によりその者がその財産につき相当な損失を受けたことの事実の詳細　●━━━━●　ⓔ法46条1項の災害によりその者がその財産につき相当な損失を受けたことの事実の詳細（財産の種類ごとの損失の程度その他の被害の状況を含む。）

対応するものなし

ⓑ当該猶予を受けようとする金額　●　　　　ⓕ納付すべき国税の年度，税目，納期限及び金額

ⓒその期間　●━━━●　ⓖ前号の金額のうち当該猶予を受けようとする金額

●━━━━●　ⓗ当該猶予を受けようとする期間

　図表4－4－6によると，下線部ⓐ～ⓒの事項が，政令に改めて定められた上で，下線部ⓕの事項が追加されていることがわかります。

　ただし，下線部ⓐについては，同一の文言で政令に定められているのではなく，「（財産の種類ごとの損失の程度その他の被害の状況を含む。）」が追加されていることに注意を要します。

3．裁判例

　「その他」と「その他の」の使い分けについて説示した裁判例として，名古屋地判平成21年9月30日判タ1359号137頁（以下「**平成21年判決**」といいます）があります。

　以下，この判決が示した「その他」の解釈を中心に解説します。

(1) 争　点

　和解金[(注)]が，所得税法施行令（以下「**施行令**」という）30条2号にいう「不法行為その他突発的な事故により資産に加えられた損害につき支払を受ける損害賠償金」に当たるか否か。

[(注)]　納税者が，商品先物取引に関し，商品取引員から不法行為に基づく損害賠償金として受け取ったもの。

(2) 関係法令

施行令30条は，非課税とされる保険金等について，次のとおり規定しています。

> **所得税法施行令**
> **（非課税とされる保険金，損害賠償金等）**
> **第30条** 法第9条第1項第18号（非課税所得）に規定する政令で定める保険金及び損害賠償金（…）は，次に掲げるものその他これらに類するもの（…）とする。
> 　一　（略）
> 　二　損害保険契約に基づく保険金及び損害保険契約に類する共済に係る契約に基づく共済金（…）で資産の損害に基因して支払を受けるもの並びに⒜不法行為その他⒝突発的な事故により資産に加えられた損害につき支払を受ける損害賠償金（…）
> 　三　（略）

2号において，「その他」の前に「不法行為」（下線部ⓐ）が，後に「突発的な事故」（下線部ⓑ）がありますが，国側は，ここにいう「不法行為」とは，「突発的な事故」と同様の不法行為を意味するものであると主張しました（**図表4－4－7**参照）。

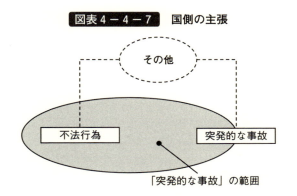

図表4－4－7　国側の主張

(3) 平成21年判決の判断

「不法行為」が，「突発的な事故」と同様の不法行為を意味するものであるか否かについて，平成21年判決は，次のとおり判示しました。

> 本件においては，本件和解金が施行令30条2号にいう「不法行為その他突発的な事故により資産に加えられた損害につき支払を受ける損害賠償金」に当たるかどうかが問題となるところ，この点につき，国側は，同号にいう「不法行為」とは，「突発的な事故」と同様の不法行為，すなわち，相手方との合意に基づかない突発的で予想することができない不法行為を意味するものであると主張する。
>
> しかしながら，施行令30条2号は，「不法行為その他突発的な事故」と規定しているのであり，「不法行為その他の突発的な事故」と規定しているのではない。法令における「その他」と「その他の」の使い分けに関する一般的な用語法に照らせば，同号において「不法行為」と「突発的な事故」は並列関係にあるものとして規定されていると解されるのであって，文言上，同号にいう「不法行為」を国側が主張するように限定的に解すべき根拠はない。また，不法行為の態様が，突発的な事故ないしそれと同様の態様によるものであるか，又はそれ以外の態様によるものであるかによって，当該不法行為に係る損害賠償金の担税力に差異が生ずるものではないから，損害賠償金が非課税所得とされている立法趣旨に照らしても，同号にいう「不法行為」は突発的な事故と同様の態様によるものに限られると解する理由はない。

この判示のポイントを示すと，次のとおりです。

> i 法令における「その他」と「その他の」の使い分けに関する一般的な用語法に照らして判断している。
> ii 具体的には，施行令30条2号が，「不法行為〝その他〟突発的な事故」と規定していることからすると，「不法行為」と「突発的な事故」は並列関係にあるものとして規定されていると判断している。
> iii 損害賠償金が非課税所得とされている立法趣旨に照らしても判断している。
> iv 具体的には，不法行為の態様が，突発的な事故やそれと同様の態様によるものであるか否かによって，損害賠償金の担税力に差異が生ずるものではないから，施行令30条2号にいう「不法行為」は突発的な事故と同様の態様によるものに限られると解する理由はないと判断している。

ⅴ 結論として，施行令30条2号にいう「不法行為」を国側が主張するように限定的に解すべき根拠はないと判断している（**図表4－4－8**参照）。

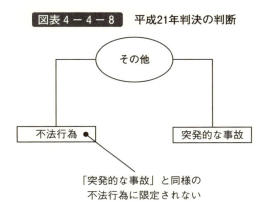

図表4－4－8　平成21年判決の判断

> +α　**「その他」，「その他の」の使い分けの厳格度**
>
> 　条文によっては，必ずしも原則どおりに「その他」と「その他の」が使い分けられていないものがあります。
> 　例えば，憲法21条1項は，「集会，結社及び言論，出版その他一切の表現の自由は，これを保障する」と規定しています。
> 　この規定については，「本来ならば『その他の』を使うべきところに，語呂の都合で，『その他』が使われている」（林［1975］18頁）と指摘されています。

第5節 「係る」「当該」「場合」「とき」「時」

1．「係る」

(1) 解　説

「係る」は，ある語句と他の語句とのつながりを示す場合に用いられます。

この語は，以下のような意味で広く用いられますが，意味の不明確さを伴いやすい面があるとも指摘されています（法制執務研究会［2018］730頁）。

- 「…に関係がある」
- 「…についての」
- 「…に属する」
- 「…の」

なお，ニュアンスとしては，「…に関する」，「…に関係する」よりも直接的なつながりを示しているとされます（石毛［2020］639頁）。

(2) 具体例
① 国税通則法16条1項

国税通則法16条1項は，納税額の確定方式について，次のとおり規定しています。

第4章　法令用語のルール　203

> **国税通則法**
> **（国税についての納付すべき税額の確定の方式）**
> **第16条**　国税についての納付すべき税額の確定の手続については，次の各号に掲げるいずれかの方式によるものとし，これらの方式の内容は，当該各号に掲げるところによる。
> 　一　申告納税方式
> 　　　納付すべき税額が納税者のする申告により確定することを原則とし，その申告がない場合又はその⒜申告に係る税額の計算が国税に関する法律の規定に従つていなかつた場合その他当該税額が税務署長又は税関長の調査したところと異なる場合に限り，税務署長又は税関長の処分により確定する方式をいう。
> 　二　賦課課税方式
> 　　　納付すべき税額がもつぱら税務署長又は税関長の処分により確定する方式をいう。

　下線部⒜は，「申告されたところの税額」の意味であると解されます（荒井［1975］167頁）。

②　法人税法8条1項

　法人税法8条1項は，外国法人の課税所得の範囲について，次のとおり規定しています。

> **法人税法**
> **（外国法人の課税所得の範囲）**
> **第8条**　外国法人に対しては，第141条各号（課税標準）に掲げる外国法人の区分に応じ当該各号に定める⒝国内源泉所得に係る所得について，各事業年度の所得に対する法人税を課する。

　下線部⒝は，「国内源泉所得に当たるところの所得」の意味であると解されます（荒井［1975］167頁）。

③　法人税法78条3項

　法人税法78条3項は，充当処理される還付金の額には還付加算金を付さないことについて，次のとおり規定しています。

法人税法

（所得税額等の還付）

第78条

3　…還付金を…中間申告書に係る事業年度又は…ⓒ確定申告書に係る事業年度の所得に対する法人税で未納のものに充当する場合には，その還付金の額のうちその充当する金額については，還付加算金を付さないものとし，その充当される部分の法人税については，延滞税及び利子税を免除するものとする。

　下線部ⓒは，「確定申告書がこれについて提出されたところの事業年度」の意味であると解されます（荒井［1975］167頁）。

2．「当該」

(1)　解　説

　「当該」には，次のような用法があります（石毛［2020］636頁，法制執務研究会［2018］779～781頁）。

- 「その」という意味で用いられる。
- そこで問題となっている「当の」という意味で用いられる。
- 「該当する」という意味で用いられる。

(2)　具体例

　法人税法122条は，青色申告の承認申請について，次のとおり規定しています。

第 4 章　法令用語のルール　205

法人税法

（青色申告の承認の申請）

第122条　ⓐ当該事業年度以後の各事業年度の…申告書を青色の申告書により提出することについて…承認を受けようとする内国法人は，当該事業年度開始の日の前日までに，当該事業年度開始の日その他財務省令で定める事項を記載した申請書を納税地の所轄税務署長に提出しなければならない。

2　前項の場合において，当該事業年度が次の各号に掲げる事業年度に該当するときは，同項の申請書の提出期限は，同項の規定にかかわらず，ⓑ当該各号に定める日の前日とする。

㊀　内国法人である普通法人又は協同組合等の設立の日の属する事業年度
　　ⓒ同日以後 3 月を経過した日と当該事業年度終了の日とのうちいずれか早い日

㊁　（略）

㊂　次に掲げる法人の区分に応じそれぞれ次に定める日の属する事業年度
　　同日以後 3 月を経過した日と当該事業年度終了の日とのうちいずれか早い日

　イ　公共法人に該当していた収益事業を行うⓓ公益法人等
　　　ⓔ当該公益法人等に該当することとなつた日

　ロ　公共法人又は収益事業を行つていない公益法人等に該当していた普通法人又は協同組合等
　　　当該普通法人又は協同組合等に該当することとなつた日

㊃　（略）

　下線部ⓐの「当該」は，そこで問題となっている「当の」という意味で用いられています。すなわち，ここにいう「当該事業年度」は，「青色申告によって申告書を提出しようとする最初の事業年度」をいうものと解されます。

　下線部ⓑの「当該各号」は，「該当するそれぞれの号」，具体的には， 1 号から 4 号まで（◯で囲んだ部分）を意味しています。すなわち，ここにいう「当該各号に定める日」は，例えば， 1 号についていえば，「同日以後 3 月を経過した日と当該事業年度終了の日とのうちいずれか早い日」（下線部ⓒ）をいうものと解されます。

　下線部ⓔの「当該」は，「その」という意味で用いられています。すなわち，ここにいう「当該公益法人等」は，直前の「公益法人等」（下線部ⓓ）と同一のものであると解されます。

> **+α** 「当該」の別の用法
> 「当該」の特殊な用法として，「当該職員」という用法があります。
> これは，「当該職員」という一語として，一定の行政上の権限を与えられている国または地方公共団体の職員を意味するものとして用いられるものです（法制執務研究会［2018］782頁）。

3．「場合」「とき」「時」

(1) 解　説
① 「場合」
「場合」は，仮定的な条件を示す場合や，既出の事項を引用する包括的な条件を示す場合に用いられます（石毛［2020］643頁）。
② 「とき」
「とき」は，必ずしも「時点」という意味ではなく，「場合」と同じような意味に用いられます。

条件を示すために「場合」と「とき」の両者が重ねて用いられる場合には，大きな条件を示すのに「場合」が，小さな条件を示すのに「とき」が用いられます（石毛［2020］643頁，法制執務研究会［2018］786～787頁，**図表4－5－1**参照）。

図表4－5－1　「場合」と「とき」が重ねて用いられる場合

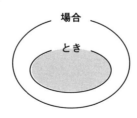

③ 「時」

「とき」が，必ずしも「時点」という意味ではないのに対して，「時」は，時期，時刻という趣旨を明確に示す場合に用いられます（法制執務研究会［2018］788頁）。

(2) 具体例

① 国税通則法13条1項

国税通則法13条1項は，被相続人（故人）の国税に関する書類を受領する代表者の指定について，次のとおり規定しています。

国税通則法
（相続人に対する書類の送達の特例）
第13条 ⓐ相続があつた場合において，相続人が2人以上あるときは，これらの相続人は，国税に関する法律の規定に基づいて税務署長その他の行政機関の長（…）が発する書類（…）で被相続人の国税に関するものを受領する代表者をその相続人のうちから指定することができる。ⓑこの場合において，その指定に係る相続人は，その旨を当該税務署長その他の行政機関の長（…）に届け出なければならない。

（前段／後段）

この規定は，前段（第1文）と後段（第2文）に分けることができます。

前段の下線部ⓐは，「相続があつた場合」が大きな条件で，「相続人が2人以上あるとき」が小さな条件となっています。これらをまとめると，「相続人が2人以上ある相続の場合」という意味になります（志場ほか［2022］245頁，**図表4－5－2**参照）。

図表4－5－2 国税通則法13条1項

相続があった場合

相続人が2人以上あるとき

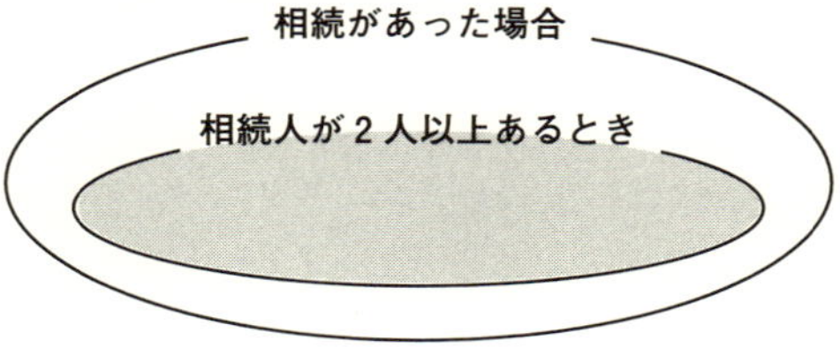

また，後段の下線部⑥は，前段に規定されている内容全部を受けて，「そのような場合」という条件を示しています（荒井［1975］151頁。本章**第3節**参照）。具体的には，「（2人以上いる）相続人が被相続人の国税に関する書類を受領する代表者を指定する場合」という意味であると解されます。

② **国税通則法15条2項**

国税通則法15条2項は，納税義務の成立の時期について，次のとおり規定しています。

国税通則法
（納税義務の成立及びその納付すべき税額の確定）
第15条

2　納税義務は，次の各号に掲げる国税（…）については，当該各号に定める時（…）に成立する。

一　（略）

二　源泉徴収による所得税

　　利子，配当，給与，報酬，料金その他源泉徴収をすべきものとされている所得の©支払の時

三～十五　（略）

下線部©は，「支払った場合」という条件を示すものではなく，「支払った時点」の意味であると解されます。

■**参考文献等** ──────────────────────────────────

荒井［1975］：荒井勇『税法解釈の常識〈税法条文の読み方教室〉』（税務研究会出版局，1975）

林［1975］：林修三『法令用語の常識〈第3版〉』（日本評論社，1975）

法制執務研究会［2018］：法制執務研究会編『新訂　ワークブック法制執務〈第2版〉』（ぎょうせい，2018）

石毛［2020］：石毛正純『法制執務詳解　新版III』（ぎょうせい，2020）

志場ほか［2022］：志場喜徳郎＝荒井勇＝山下元利＝茂串俊共編『国税通則法精解〈令和4年改訂〉』（大蔵財務協会，2022）

法律用語辞典：法令用語研究会編『有斐閣法律用語辞典〈第5版〉』（有斐閣，2020）

DHCコンメンタール法人税法：DHC Premium「コンメンタール法人税法Digital」（第一法規）

巻末資料

巻末資料1　最判平成23年2月18日集民236号71頁における
　　　　　須藤正彦裁判官の補足意見
巻末資料2　最判平成24年1月13日民集66巻1号1頁における
　　　　　須藤正彦裁判官の補足意見
巻末資料3　福岡高判平成25年5月30日税資263号順号12223にお
　　　　　ける「正当な理由」（加算税の免除要件）をめぐる判断

巻末資料１	最判平成23年２月18日集民236号71頁における 須藤正彦裁判官の補足意見

　私は法廷意見に賛成するものであるが，原審が指摘している贈与税回避の観点を踏まえつつ，甲の住所の所在について，以下のとおり補足しておきたい。

1(1)　原審の確定した事実によれば，Ａは，大手の消費者金融業を営む会社で内国法人たる本件会社の創業者で，かつ代表取締役であった。オランダ王国における非公開有限責任会社であるＤ社（以下「**オランダ法人**」という。）の総出資口数は800口であり，それは相続税法の施行地外にある財産（以下「**国外財産**」という。）であるところ（相続税法10条１項８号参照），Ａ及びその妻Ｂ（以下，ＡとＢとを併せて「**Ａら**」という。）は，そのすべてを所有していた。Ａらは，相続税法の施行地にある財産（以下「**国内財産**」という。）たる本件会社発行の株式（以下「**本件会社株式**」という。）を所有していたが，その1569万8800株をオランダ法人に譲渡し，同譲渡に係る株式はその総資産中約84.2％を占めていた。本件贈与は，法形式上は，Ａらが，外国法人たるオランダ法人の総出資口数中その９割に当たる720口を甲に無償で譲渡する贈与契約であるが，以上の事実からすれば，その実質は，要するに，オランダ法人を介在させて，国内財産たる本件会社株式の支配を，Ａらが，その子である甲に無償で移転したという至って単純な図式のものである。

(2)　一般に，親が子に財産の支配を無償で移転するための方法として世で行われている法形式としては，親が生前に行うものであれば，贈与契約であり，親の死亡によるのであれば相続である。その場合，贈与税又は相続税が課され得る。本件は，Ａらの生前における本件会社株式の支配の移転であるところ，もともと日本国籍を有するＡらと甲は，国内に長らく居住し，かつ，支配の移転の対象たる本件会社株式も純然たる内国法人の株式であるから，その支配の移転も，人為的な方策を講じないままでの本件会社株式自体の贈与契約の締結によって行われる（そして贈与税が課される）ことが直截的で自然の成り行きであるといえよう。

(3)　しかるところ，贈与契約については，本件贈与時の法（平成15年法律第8号による改正前の相続税法）によれば，財産取得時に受贈者の住所が国内にあるときは無制限納税義務者として，また，住所が国内にないときは取得財産が国内財産である場合に制限納税義務者として，贈与税の納税義務を負うとされていた（法1条の2第1号，2号）。そうすると，財産の贈与において，法では，受贈者の住所と贈与の対象たる財産がともに国外にあるときは，無制限納税義務者，制限納税義務者のいずれにも該当せず，贈与税が課税されないということになる。したがって，本件においても，対象たる本件会社株式を国外財産に転化することと受贈者たる甲の住所を国外とさせることとの組合せを経た上で贈与契約がなされれば，贈与税の課税要件は満たされず，自然の成り行きでの贈与契約であれば課されるはずの贈与税の負担が回避され，ひいては，相続税の負担も回避され，結局，親子間の無償かつ無税での財産の支配の移転が実現することになるわけである。

(4)　そして，現に，本件では，甲が香港に出国し，その香港での滞在期間中に，本件会社株式をＡらが支配するオランダ法人へ移転するという方法によって，これを国外財産に転化させたといえるものであるから，これは贈与税（ひいては相続税）の負担を回避するためになされたことが認められるのである。原判決は，甲は，「贈与税回避を可能にする状況を整えるために香港に出国するものであることを認識し」たと認定するが，それは以上の趣旨において理解されるのである（ここで，オランダ法人は，本件会社株式の保有以外に事業活動を行うことが全くうかがわれないという意味でいわば「器」として用いられていると認められるのであるが，このように，オランダ法人を「器」として介在させる法形式と甲の国外住所とを組み合わせることは，通常，相続税法や課税実務が想定しているものとはいい難い組合せであったといえるところ，それは，贈与税の負担を回避するための密接で不可欠な関係にある要素の組合せであるので，以下では，便宜上，この本件での組合せの仕組みを「**本件贈与税回避スキーム**」という。）。本件では，この本件贈与税回避スキームの下での甲の住所の所在が問題となっているわけであるが，この点については次のように考えられる。

2(1) 甲は，出国時から平成11年12月27日付けの本件贈与時までの約2年半及びそれに引き続き業務を放棄するまでの約1年間を香港に滞在して過ごした。本件会社では，香港を拠点とする海外事業が目指されたところ，もともとの本業である消費者金融業の方は早々に断念され，いわゆるベンチャーキャピタル業務を中心とする投資業務の展開が企図され，甲は，それに関する情報収集，調査などのため面談業務等に従事したとされている。だが，このベンチャーキャピタル業務等の投資業務そのものは，現地の投資関係業者との間での投資事業組合を組成してのものであったにしても，投資者側には，経済，金融，会計，法律等の分野での高度の知識，技術や経験を有する相当数の専門家が必要とされるといわれているのであって，国外での案件であるからにはなおさらそのようにいえると思われる。ところが，甲には，香港への出国前に本業の消費者金融業務とは別にこの方面で実務経験を重ねていた形跡もないし，この方面に精通する専門家が香港への出国に際して随行し，あるいは，その後に参加したような事実はおよそうかがわれない。雇った者も初めはなく，その後も1名前後を採用したにすぎず，その状態は終始変わらないままであったから，そのことからすると，結局，本件会社にとって香港でのベンチャーキャピタル業務などの投資業務は必ずしも重点を置かれていなかったとみられ，しかも，20件ほどの投資検討案件中投資の実行がされた6件ほどの案件は全てＡの個別的了承の下に行われたものであることからすると，甲が取締役に就任した本件各現地法人も，その執務場所とされた簡素ともいえる事務所も，単なる連絡事務所以上の機能を果たすものではなかったとさえみられる。その一方において，甲は，約3年半の香港滞在期間中，国内でも，毎月1回の取締役会の多くに加え，少なくとも合計19回の営業幹部会，3回の全国支店長会議のほか，新入社員研修会，その他格付会社との面談，アナリストやファンドマネージャー向け説明会に，それぞれ出席した。甲は，香港へ出国するより1年前には本件会社の取締役営業統轄本部長に就任し，香港滞在期間中に，「常務取締役」，「専務取締役」と昇進した。元来，株式会社の取締役という地位は，その任務の遂行に当たって，会社に対し，善管注意義務，忠実義務を負うなど重大な職責であるが，本件会社は，東京証券

取引所の第1部に上場する公開会社でもあるから，取締役の地位の実質的重みは，多くの利害関係者（ステークホールダー）と関わるなど小規模閉鎖会社のそれとは比較にならぬほどの大きなものである。特に，甲は，Aらの子として，内外ともに本件会社の後継経営者に擬せられていたから，その取締役として取締役会に出席し，重要な意思決定に参画するなどのことは，とりわけ重大な意味があったといえる。したがって，甲の意識や責任感の中で国内での滞在の占める比重は極めて大きく，少なくとも仕事の面からすれば，いわば軸足のうちの相当部分はなお国内にあったことがうかがわれるのである。確かに，甲の香港滞在につき，期間2年のサービスアパートメント（本件香港居宅）の賃貸借契約が締結され，それが更改されているが，そのような長い期間の居室賃貸借契約も，例えば，国外の長期プロジェクト業務のため，海外事業担当取締役の1回当たりのやや長期にわたる多数回反覆の出張時の確かな寝泊まりの場所の確保のために，ホテル代わりにそれがなされるようなこともあり得，甲も，本件会社の国外業務プロジェクトのため頻繁に日本に帰国しつつ長期出張をしたという構図のようにも見られ得ないわけではない。実際，甲は帰国の際は，東京都〇〇区所在の本件〇〇居宅に起居し，特別な用事がない限り朝夕の食事は同所でとっていた。そして本件〇〇居宅中約42平方メートルが，甲専用の居室となっていたのである。そうすると，甲の香港滞在期間中，その生活の本拠は，客観的にみて，香港にあったということ自体はそのとおりであるが，ただ，上記の点に着目してみると，香港のみがそうであったのか，東京にもなお生活の本拠があったのではないかとの疑問も生じてくるのである。

(2) ところで，相続税法において，自然人の「住所」については，その概念について一般的な定義付けがなされているわけでもないし，所得税法3条，所得税法施行令14条，15条などのような何らかの特則も置かれていない。国税通則法にも規定がない。そうすると，相続税法上の「住所」は，同法固有の「住所」概念として構成されるべきではなく，民法の借用概念としての意味とならざるを得ない。結局，民法（平成16年法律第147号による改正前のもの）21条（現行22条）によるべきことになり，したがって，住

所とは，反対の解釈をすべき特段の事由がない以上，客観的に生活の本拠たる実体を具備している一定の場所ということになる。租税回避の目的があるからといって，客観的な生活の実体は消滅するものではないから，それによって住所が別異に決定付けられるものではない。本件では，住所を客観的な生活の本拠とは別異に解釈すべき特段の事由は認められないところ，本件贈与当時，甲の生活の本拠が香港にあったことは否定し得ないから，当然，甲の住所が香港であったということも正しいわけである。

　もっとも，更にいえば，民法上の住所概念を前提にしても，疑問が残らないわけではない。通信手段，交通手段が著しく発達した今日においては，国内と国外とのそれぞれに客観的な生活の本拠が認められる場合もあり得ると思われる。本件の場合も，甲の上記に述べた国内での生活ぶりからすれば，甲の客観的な生活の本拠は，香港のほかに，いまだ国内にもあったように見えなくもないからである。とはいうものの，これまでの判例上，民法上の住所は単一であるとされている。しかも，住所が複数あり得るとの考え方は一般的に熟しているとまではいえないから，住所を東京と香港とに一つずつ有するとの解釈は採り得ない。結局，香港か東京かのいずれか一つに住所を決定せざるを得ないのである。そうすると，本件では，上記の生活ぶりであるとはいえ，香港での滞在日数が国内でのそれの約2.5倍に及んでいること，現地において本件会社又は本件各現地法人の業務として，香港又はその周辺地域の関係者と面談等の業務にそれなりに従事したことなど，法廷意見の挙示する諸要素が最重視されるべきであって，その点からすると，甲の香港での生活は，本件贈与税回避スキームが成るまでの寓居であるといえるにしても，仮装のものとまではいえないし，東京よりも香港の方が客観的な生活の本拠たる実体をより一層備えていたといわざるを得ないのである。してみると，甲の住所は香港であった（つまり，国内にはなかった）とすることはやむを得ないというべきである。

3　既に述べたように，本件贈与の実質は，日本国籍かつ国内住所を有するＡらが，内国法人たる本件会社の株式の支配を，日本国籍を有し，かつ国内に住所を有していたが暫定的に国外に滞在した甲に，無償で移転したという図式のものである。一般的な法形式で直截に本件会社株式を贈与すれば課税さ

れるのに，本件贈与税回避スキームを用い，オランダ法人を器とし，同ス
キームが成るまでに暫定的に住所を香港に移しておくという人為的な組合せ
を実施すれば課税されないというのは，親子間での財産支配の無償の移転と
いう意味において両者で経済的実質に有意な差異がないと思われることに照
らすと，著しい不公平感を免れない。国外に暫定的に滞在しただけといって
よい日本国籍の甲は，無償で1653億円もの莫大な経済的価値を親から承継し，
しかもその経済的価値は実質的に本件会社の国内での無数の消費者を相手方
とする金銭消費貸借契約上の利息収入によって稼得した巨額な富の化体した
ものともいえるから，最適な担税力が備わっているということもでき，我が
国における富の再分配などの要請の観点からしても，なおさらその感を深く
する。一般的な法感情の観点から結論だけをみる限りでは，違和感も生じな
いではない。しかし，そうであるからといって，個別否認規定がないにもか
かわらず，この租税回避スキームを否認することには，やはり大きな困難を
覚えざるを得ない。けだし，憲法30条は，国民は法律の定めるところによっ
てのみ納税の義務を負うと規定し，同法84条は，課税の要件は法律に定めら
れなければならないことを規定する。納税は国民に義務を課するものである
ところからして，この租税法律主義の下で課税要件は明確なものでなければ
ならず，これを規定する条文は厳格な解釈が要求されるのである。明確な根
拠が認められないのに，安易に拡張解釈，類推解釈，権利濫用法理の適用な
どの特別の法解釈や特別の事実認定を行って，租税回避の否認をして課税す
ることは許されないというべきである。そして，厳格な法条の解釈が求めら
れる以上，解釈論にはおのずから限界があり，法解釈によっては不当な結論
が不可避であるならば，立法によって解決を図るのが筋であって（現に，そ
の後，平成12年の租税特別措置法の改正によって立法で決着が付けられた。），
裁判所としては，立法の領域にまで踏み込むことはできない。後年の新たな
立法を遡及して適用して不利な義務を課すことも許されない。結局，租税法
律主義という憲法上の要請の下，法廷意見の結論は，一般的な法感情の観点
からは少なからざる違和感も生じないではないけれども，やむを得ないとこ
ろである。

巻末資料2	最判平成24年1月13日民集66巻1号1頁における 須藤正彦裁判官の補足意見

　私は法廷意見に賛成するものであるが，原判決や所論の指摘する租税法律主義（課税要件明確主義）に関連して，以下のとおり補足しておきたい。

1　憲法84条は租税法律主義を定めるところ，課税要件明確主義がその一つの重要な内容とされている。したがって，課税要件及び賦課徴収手続（以下では，本件に即して課税要件のみについて考える。）は明確でなければならず，一義的に明確な課税要件であればもちろんのこと，複雑な社会経済関係からしてあるいは税負担の公平を図るなどの趣旨から，不確定概念を課税要件の一部とせざるを得ない場合でも，課税庁は，恣意的に拡張解釈や類推解釈などを行って課税要件の該当性を肯定して課税することは許されないというべきである。逆にいえば，租税法の趣旨・目的に照らすなどして厳格に解釈し，そのことによって当該条項の意義が確定的に明らかにされるのであれば，その条項に従って課税要件の当てはめを行うことは，租税法律主義（課税要件明確主義）に何ら反するものではない。

　そこで，租税法律主義（課税要件明確主義）についての以上の考えの下に本件をみるに，所得税法34条2項の「その収入を得るために支出した金額」は，法廷意見に理由が述べられているところであるが，当該収入を得た個人において自ら負担して支出したといえるものでなければならないと解されるのであり，そのことは同条項の趣旨・目的に照らし明らかであるというべきである。そうすると，甲らが支払を受けた満期保険金につき，所轄税務署長が，支払われた保険料のうち本件会社等において損金経理された2分の1の部分を控除できないとして本件各更正処分を行ったことは，同項の趣旨・目的に沿った解釈によって明確にされている同条項の意義に従ったまでのことであり，租税法律主義（課税要件明確主義）に何ら反するものではない（もとより，租税法の解釈も通常の法解釈の方法によってなされるべきものであって，特別の方法によってなされるべきものではない。「疑わしきは納税者の利益に」との命題は，課税要件事実の認定について妥当し得るであろう

が，租税法の解釈原理に関するものではない。）。

2 次に，租税法律主義の下では，国民（納税者）は，現在の租税法規に基づく課税関係に依拠して経済活動等を行うものであるから，そこにおける法的安定性や予測可能性が保護されるべきところである。しかるところ，所得税法34条2項の「その収入を得るために支出した金額」という条文を普通に読めば，ある個人が一時所得に係るある収入を得るために負担した支出があるなら，所得税課税の対象は，その支出を差し引いた上でのその個人が稼得した経済的利得であるべきで，その収入全部に課税するのは不合理である（逆にいえば，その支出をした者が別人であれば収入金額全額が経済的利得たる所得であってその支出を差し引いた金額にしか課税しないことは不合理である）という趣旨に読まれると思われる。したがって，同条項で，収入を得た者と支出をした者が同一でなければならないとの前提が採られているという点は，一般的な常識に合致するものであろうが，その点は別にしても，本件に即して更に立ち入って考えれば，法人税額算出に当たって損金経理されるという方法で保険料のうち非課税とした半額部分を，更に所得税額算出に当たっても控除されるべき金額として扱い，そのことによって重ねて非課税とする結果を生じさせるというようなことは，不合理であろう。そのことよりすると，上記の前提に立った法廷意見の解釈が法的安定性や予測可能性を損なうなどとすることもできない。

3 もっとも，本件のような類型の養老保険の保険金支払に係る課税について，若干の混乱が生じたことには，所得税法施行令183条2項2号や所得税基本通達34−4の規定振りが，いささか分かりにくい面もあることが一因をなしているようにも思われる。しかしながら，このうち，同施行令同号の意義は，法廷意見で述べるとおりである。次に，同施行令同号についての同通達は，その本文において，「支出した金額」に算入されるべき保険料又は掛金（以下，「**保険料等**」という。）の総額には，その一時金の支払を受ける者以外の者が負担した保険料等も含まれるとし，その注において，使用者が役員又は使用人のために負担した保険料等で一定金額以下の給与等として課税（以下「**給与課税**」という。）されなかったものの額もその総額に含まれるとするが，その定めは，役員又は使用人に保険料等の経済的利益が与えられる場合，原

則的に給与課税されるもの，及びその額が一定金額以下のものであるために福利厚生等の目的とみられてあえて給与課税されないというものについて，「支出した金額」に算入するという考えに立つものといえる。そうである以上，その通達全体の意味内容は，当該収入（保険金等）を得た役員又は使用人の一時所得の算定に当たって，自ら保険料等を負担したといえるものを控除の対象とするという趣旨に解し得るところである。もとより，法規より下位規範たる政令が法規の解釈を決定付けるものではないし，いわんや一般に通達は法規の解釈を法的に拘束するものではないが，同通達は上記のような趣旨に理解されるものであって，要するに，同施行令同号も，同通達も，いずれも所得税法34条2項と整合的に解されるべきであるし，またそのように解し得るものである。

巻末資料　219

| 巻末資料3 | 福岡高判平成25年5月30日税資263号順号12223における「正当な理由」（加算税の免除要件）をめぐる判断 |

（注）1　「本件申告処理」とは，満期保険金等を一時所得として確定申告するにあたり，本件支払保険料全額，つまり，法人損金処理保険料についても「その収入を得るために支出した金額」として控除できるものとした申告をいう。

　　　2　「法人損金処理保険料」とは，本件支払保険料のうちその2分の1に相当する甲らに対する貸付金として経理処理がされた部分以外の部分をいう。

第2　事案の概要（略称等は，当判決に特に記載するほか，原判決記載の例による。）

（略）

6　争点に関する当事者の主張

（甲らの主張）

　以下の事情ないし事実からすると，本件申告処理は，例外的に過少申告加算税の課されない場合として国税通則法65条4項が定める「正当な理由があると認められる」場合に該当する。

(1)　福岡国税局による誤指導

　ア　甲らの顧問税理士である戊税理士（以下「**戊税理士**」という。）とC税理士は，平成8年12月11日，福岡国税局法人税課にて本件養老保険契約における法人税の課税関係を確認し，その際，戊税理士らが所得税の課税関係についても確認する意向であることを伝えると，法人税課の担当者は自ら所得税課に出向いた。30分程度経って法人税課の担当者が戻って来ると，同人は，所得税課における検討の結果，所得税課は，「本件支払保険料を一時所得の計算上全額控除することが可能である」と回答したと述べた。

　イ　福岡国税局は，前アの回答について，その後，戊税理士らに訂正の連絡をしなかった。

ウ　甲らは，平成14年３月に本件申告処理をして平成13年分の確定申告を
したが，福岡国税局は，これについて何の指摘もしなかった。

甲らは，平成15年，平成16年にも本件申告処理をして平成14年，平成
15年分の確定申告をしたが，福岡国税局は，これについて何の指摘もし
なかった。

(2)　所得税法，同法施行令，通達の文言解釈との関係等

以下のとおり，甲らの解釈は，法令や通達の文言を素直に解釈すること
によって導かれる，法律の文言どおりの解釈である。

ア　本件満期保険金等は，一時所得であるところ，所得税法34条２項は，
一時所得の金額の計算につき，「一時所得の金額は，その年中の一時所
得にかかる総収入金額からその収入を得るために支出した金額の合計額
を控除し」と規定し，「その収入を得るために支出した金額」が収入を
得た本人の負担分に限定される旨の明示は一切ない。

イ　また，所得税法施行令183条２項２号は，「生命保険契約等に係る保険
料又は掛金の総額」は，一時所得の計算上控除できる旨規定しており，
その文言上，本人が負担した保険料しか控除できないという限定はない。
また，同号は，除外事由について規定しているが，養老保険にかかる支
払保険料については，除外事由に該当しない。

ウ　さらに，所得税基本通達34－４は，一時所得の計算上控除できる保険
料等の額には「満期返戻金等の支払を受ける者以外の者が負担した保険
料等の額も含まれる。」と規定し，支払を受ける者以外が負担した保険
料又は掛金の額も支出した金額に含まれる旨を明示している。

(3)　養老保険の特性

養老保険の場合，支払保険料の総額を払い込まない限り満期（又は死
亡）保険金全額の支払を受けることはできないのであるから，死亡と生存
は表裏の関係にあり，満期（又は死亡）保険金に対応しているのは，あく
までも支払保険料の総額である。

養老保険は，生存または死亡を保険事故とすることから，本件のように
満期保険金と死亡保険金の受取人が分離するということも当然にありうる
が，この場合でも，満期（又は死亡）保険金に対応しているのは，支払保

険料の総額であることに何ら変わりはない。

(4) 死亡保険金が一時所得となる事例との比較

死亡保険金が一時所得となる事例においては，一時所得の計算上控除される保険料は，保険金受取人が負担したか否かにかかわらず，支払保険料の総額となるのであるから，本件のように満期保険金が一時所得となる事例についても，同様に一時所得の計算上控除される保険料は保険金受取人が負担したか否かにかかわらず，支払保険料の総額とすべきであり，あえて異なる取扱いをする合理的理由はない。

(5) 契約者を法人，被保険者を従業員の家族とし，死亡保険金の受取人を従業員，満期保険金の受取人を法人とする事例との比較

契約者を法人，被保険者を従業員の家族とし，死亡保険金の受取人を従業員，満期保険金の受取人を法人とする場合には，法人は，支払保険料の2分の1を保険料積立金として資産計上し，残りの2分の1を福利厚生費として損金算入する経理処理を行うこととなる。

この場合，福利厚生費として損金算入された支払保険料については，従業員に給与課税されないこととなるが，それでも，従業員が死亡保険金を受け取った際には一時所得の計算上，支払保険料全額について控除が認められることとなる。

これとの対比上，本件において，保険金の受取人に対する課税の有無と，支払保険料の控除の可否とを結びつける必然性は全くない。

(6) 課税金の不還付

養老保険について，満期保険金の受取人を法人とし，死亡保険金の受取人を従業員の遺族とする場合については，支払保険料の2分の1を資産計上し，残りの2分の1を給与として経理処理をせよとされている（法人税基本通達9－3－4(3)但書き）。

本件養老保険契約において，仮に被保険者が保険期間中に死亡し，本件会社が死亡保険金を受け取ることとなっても，既に給与課税をした保険料について課税金を被保険者の相続人に還付しないはずである。

また，本件養老保険契約が解約された場合，解約返戻金は，過去の支払保険料に対する課税関係とは無関係に全て契約者たる法人に返還されるこ

ととなるが，この場合も，解約という結果から顧みれば本来給与課税は不要であったことになるものの，給与課税をした保険料について課税金の還付は行わないはずである。

(7) 市販の解説書の存在

本件申告処理を適法とする市販の解説書が複数存在した。

これに対して，控訴人は，週間（ママ）税務通信（株式会社税務研究会発行）の記事（平成11年1月18日付け，以下「税務通信」という。）には，本件申告処理を認めない旨の記載があったと主張するが，税務通信は参考図書にすぎない。

(8) 種々の裁判例の存在

本件上告審判決は，本件申告処理が違法である旨判断した。

それまで，本件申告処理が適法であるかどうかについては，下級審の判断も分かれる状態であり，本件申告処理を適法とする判断もあった。本件申告処理を違法であるとする裁判例もあったが，その場合においても，過少申告加算税の賦課まで認めた裁判例は一例もなかった。

なお，税務当局は，「申告所得税の過少申告加算税及び無申告加算税の取扱いについて（事務運営指針）」を定めている。

同通達は，「正当な理由があると認められる」場合として「税法の解釈に関し，申告書提出後新たに法令解釈が明確化されたため，その法令解釈と納税者の解釈とが異なることとなった場合において，その納税者の解釈について相当の理由があると認められること」を規定しているところ，本件申告処理が違法とされたのは，本件上告審判決が言い渡された平成24年1月13日である。

（略）

第3　当裁判所の判断

1　過少申告加算税は，過少申告による納税義務違反の事実があれば，原則としてその違反者に対し課されるものであり，これによって，当初から適法に申告して納税した納税者との間の客観的不公平の実質的な是正を図るとともに，過少申告による納税義務違反の発生を防止し，適正な申告納税の実現を

図り，もって納税の実を挙げようとする行政上の措置である。この趣旨に照らせば，過少申告があっても，例外的に過少申告加算税が課されない場合として国税通則法65条4項が定めている「正当な理由があると認められる」場合とは，真に納税者の責めに帰することのできない客観的な事情があり，上記のような過少申告加算税の趣旨に照らしてもなお納税者に過少申告加算税を賦課することが不当又は酷になる場合をいうものと解するのが相当である（最高裁判所平成18年10月24日第三小法廷判決・民集60巻8号3128頁）。

2(1)ア　福岡国税局による誤指導の有無

　　甲らは，前記第2（甲らの主張）(1)アのとおり主張し，証人戊（以下**「戊証人」**という。）は，これに沿う証言をする。

　(ア)　そこで，戊証人の証言の信用性について判断する。

　　戊証人は，福岡国税局から回答を得たと主張する日から約12年後である平成20年3月6日付けの陳述書（…）を第一審裁判所に提出しているが，これと証言内容とを比較するに，福岡国税局にて本件養老保険契約に関し法人税及び所得税の各課税について質問して回答を受けたことに関する証言がなされたのは，陳述書作成日より約4年9か月後であるにもかかわらず，証言内容の方がかなり詳細となっている（法人税の課税に関する担当者の回答をD課長（以下**「D課長」**という。）が聞いた時の同人の反応（…），法人税課と所得税課に質問して回答を受けた際，戊証人が質問事項については課内で事前に協議済みであると感じたこと（…），法人税の担当者に本件養老保険契約の内容を説明した際の文言（…），戊証人が所得税課に赴くと言った際に法人税課の担当者が所得税課に赴いた経緯（…），所得税課の担当者から「全額控除可能」であるとの回答を得た後，戊証人とD課長が話し合った内容（…）など）。

　(イ)　また，上記陳述書には，戊証人は，本件養老保険契約の法人税の取扱いについて法人税通達9－3－4(3)の類推適用をするという考え方で良いかを確認したとの記載があり，これは，戊証人自身が本件養老保険契約の存在そのものについては肯定し，ただ，法人税課税についての疑問を質問したものと解される。これに対し，戊証人の証言にお

いては，要旨，本件養老保険契約のように，会社が支払保険料の２分の１を保険料として損金処理をし，残りの保険料を役員が負担し，満期を迎えた場合には役員が満期保険金を全額受け取るという内容の保険は，税法上あり得ず，まかりならないとして，そのような保険契約の存在そのものを否定する内容となっており，記憶の変容が著しいといわざるを得ない。

㈦　さらに，戊証人は，平成８年に福岡国税局から法人税及び所得税の課税に関する前記回答を得た後，平成11年に，本件養老保険契約に係る一時所得の計算上，法人が負担した保険料を控除できない旨「国税庁審理室課長補佐」との官職名を明示して担当者が執筆した税務通信を読み，また，平成13年までの間に，税務通信と同じ内容の文献に接し，しかも，税務通信と同じ内容の文献の方が多かったと認識していたにもかかわらず，福岡国税局の回答に従うべきであり，福岡国税局に確認をする必要もないとして，確定申告の際に確認をすることなく，本件申告処理をした旨の証言をする。

　　　しかしながら，証拠（・・・）によれば戊証人は，平成５年７月まで福岡国税局に勤務していたのであるから，課税にあたっては，合法性の原則や租税公平主義が妥当することを知悉していたはずである。そうであれば，福岡国税局の回答が，国税局の上部組織である国税庁の職員の見解と異なったことに気づいたならば，何らかの確認をするのが通常であり，確認をする必要もないと思っていたという証言は，不自然であり，信用できない。

㈢　他方，平成８年当時，福岡国税局の法人税課の審理係長として税理士等からの法人税に関する質問に対応する職務を行っていたＥ（以下「**Ｅ証人**」という。）の証言は，①税理士等からの法人税に関する質問について対応する職務を行っていたのは，Ｅ証人のみであるところ，審理係長の職にある間，戊証人から本件養老保険契約について質問された記憶はなく，②福岡国税局においては，国税庁からの指導のとおり，本件養老保険契約を含めて，通達に規定していない契約内容の保険に係る課税上の取扱いについて質問があった場合は，質問をした者

において保険業の業界を通じて国税庁にその取扱いを問い合わせるよう回答しており，③法人税担当の職員が，法人税以外の税目の質問を受けた場合には，その税目を担当している課に質問に行くよう対応しており，代弁するような形で法人税以外の税目に関する事項の質問を受けたり，回答をしたりすることはせず，④法人税あるいは所得税に関する質問に対して回答をするためには，資料の検討，回答案の作成，担当課長までの決裁を経なければならず，質問を受けてから30分以内で回答することはできないというものである。これらの証言内容は，実務の経験を踏まえた合理的で十分理解可能なものであり，また，反対尋問によっても覆るなどしなかったものであって，信用性が高いところ，これに反する戊証人の証言は，Ｅ証人の証言に照らし，信用できない。

　以上によれば，甲らの顧問税理士である戊税理士らが，平成8年12月11日ころ，福岡国税局から本件申告処理をすべきである旨の回答を得た事実を認めることはできない。

イ　本件申告処理に関する指摘の有無

　次に，甲らは，前記第2（甲らの主張）(1)ウのとおり主張する。

　しかしながら，申告納税の租税については，税額等は，一次的には申告によって確定するが，租税行政庁も二次的にこれを確定する権限を与えられており，税額等がその調査したところと異なるときは，その調査により，当該申告書に係る税額等を更正することができるところ（国税通則法24条），租税法上の法律関係をいつまでも不確定の状態にしておくことは好ましくないため，更正・決定・賦課決定等をなし得る期間には制限があり，更正は，原則として，その更正に係る国税の法定申告期限から3年を経過した日以後においてはすることはできない（国税通則法70条1項1号）。

　そうであれば，本件において，各税務署長は，調査のうえ，国税の法定申告期限から3年を経過していない時期に更正処分をしたのであるから，何ら違法・不当ではなく，この時期に更正処分がなされることもまれではないから，甲らの主張は採用できない。

(2) 所得税法，同法施行令，通達の文言解釈との関係等

　　甲らは，前記第2（甲らの主張）(2)のとおり主張する。

　　しかしながら，本件上告審判決の判断は，一時所得に係る収入を得た個人の担税力に応じた課税を図るという所得税法34条2項の趣旨からすると，当然の帰結であるといえる。所得税法施行令183条2項2号や所得税基本通達34-4がその規定振りのために，いささかわかりにくい面があり，本件養老保険契約における満期保険金等の課税処理について解釈が分かれていたものである。そして，もとより，政令は法律よりも下位規範であるから，政令が法律の解釈を決定付けるものではなく，いわんや通達が法律の解釈を決定付けるものでもない。そして，そもそも，上記施行令も，上記通達も，いずれも所得税法34条2項と整合的に解されるべきであり，またそのように解し得たものである。

　　これに対して，本件申告処理は，法人損金処理保険料につき，本件会社の法人税額算出及び甲らの所得税額算出に当たって，二重に控除して非課税とするという点において不合理な申告である。

　　したがって，甲らの主張は採用できない。

(3) 養老保険の特性

　　甲らは，前記第2（甲らの主張）(3)のとおり主張する。

　　しかしながら，一時所得に係る収入を得た個人の担税力に応じた課税を図るという所得税法34条2項の趣旨からすると，同項の「その収入を得るために支出した金額」という文言も，収入を得る主体と支出をする主体が同一であることを前提としたものと解されるということと，保険料の総額を支払わなければ満期（又は死亡）保険金全額の支払を受けることができないという本件養老保険契約の内容とを関連づけて考察することは疑問なしとしない。

　　したがって，甲らの主張は採用できない。

(4) 死亡保険金が一時所得となる事例との比較

　　甲らは，前記第2（甲らの主張）(4)のとおり主張する。

　　しかしながら，甲らが主張する事例は，相続税法基本通達3-17(2)の事例であるところ，同通達は，従業員等が死亡保険金を受領してこれが一時

所得となる場合，使用者からその保険料相当額の経済的利益を，いわば福利厚生として享受したものとみるべきであるから（…），当該経済的利益については従業員等の給与として課税しないという特別の扱いをした（従業員が使用者から経済的利益を受けた場合には給与とみなされて所得税が課税されるのが原則であるが，従業員が死亡保険金を受け取った場合には，死亡保険金は実質的には使用者から遺族に対する香典ないし弔慰金の性質を有するものであるから，従業員は保険料相当額の経済的利益を福利厚生として享受したものとして，上記原則にかかわらず，所得税の課税をしないという特別の扱いをした。）とみるべきである。

したがって，使用者が負担した保険料相当額についても，従業員等に対する課税がなされている場合と同様に扱うべきものであり，従業員等の一時所得の計算上控除できる。

本件の場合，甲らが受領したのは満期保険金であり，法人損金保険料相当額の経済的利益を福利厚生として享受したものとみることはできず，上記特別の扱いをする基礎に欠ける。

したがって，甲らの主張は採用できない。

(5) 契約者を法人，被保険者を従業員の家族とし，死亡保険金の受取人を従業員，満期保険金の受取人を法人とする事例との比較

甲らは，前記第2（甲らの主張）(5)のとおり主張する。

しかしながら，前(4)記載と同様，甲らが受領したのは満期保険金であり，法人損金処理保険料相当額の経済的利益を福利厚生として享受したものとみることはできず，上記特別の扱いをする基礎に欠ける。

したがって，甲らの主張は採用できない。

(6) 課税金の不還付

甲らは，前記第2（甲らの主張）(6)のとおり主張する。

しかしながら，契約内容に従って，法人が死亡保険金を受け取ることや解約の場合に契約者たる法人に保険料が返還されることと，法律に従ってなされる課税実務とを関連付けて考察することは疑問なしとしない。

したがって，甲らの主張は採用できない。

(7) 市販の解説書の存在

甲らは，前記第2（甲らの主張）(7)のとおり主張する。

証拠（・・・）によれば，確かに，本件申告処理が許容されるとの理解の下に執筆された解説書が存在することが認められる。

しかしながら，同解説書について，税務当局あるいはその職員が税務当局の官職名を明示した上で監修あるいは執筆をしていたり，本件申告処理を採用すべき法令解釈上の具体的な根拠を示していたりするなどの事情は認められない。

他方，証拠（・・・）によれば，国税庁が監修し，昭和62年に発行された解説書には，生命保険契約等に基づく一時金に係る一時所得の金額の計算の改正について，「事業主が負担した保険料又は掛金で給与所得として課税が行われていないものは，その控除する保険料又は掛金の総額から除くこととされています。」と明記されていたことが認められる。

また，税務通信は，国税庁審理室課長補佐がその官職名を明示したうえ，具体的根拠を示しながら，法人負担（損金算入され，給与課税されていない。）部分の額は一時所得の計算上控除できないこと，つまり，本件申告処理は許容されないことを述べていたものである（・・・）。

したがって，甲らの主張は採用できない。

(8) 課税実務上の運用に関する変更の有無

税務当局が，養老保険の満期保険金に係る一時所得の金額の計算について，課税実務上の変更を行った形跡はない。すなわち，証拠（・・・）及び弁論の全趣旨によれば，養老保険は，昭和60年ころから流通し始めたものであり，満期までの期間が概ね5年であること，上記(7)のとおり，国税庁が監修して昭和62年に発行された解説書（・・・）には，一時所得の計算上控除される保険料等の総額は，課税済みの本人負担分に限られ，事業主が負担した保険料等で，給与所得として課税が行われていないものは，その控除する保険料等の総額から除くこととされることが明記されていたものである。しかし，税務当局が従前の実務上の運用を変更したことや従来の実務の運用が不明確であったと認めるに足りる証拠はない。

(9)　種々の裁判例の存在

　　甲らは，前記第2（甲らの主張）(8)のとおり主張する。

　　確かに，甲らが主張するように，本件申告処理について下級審において
は判断が分かれており，適法とする判断も，違法とする判断もあったこと
は顕著な事実である。

　　しかしながら，前記(7)のとおり，税務当局が監修をしていたり，税務当
局の職員がその官職名を明示したうえで執筆するなどした市販の解説書に
は，本件申告処理を適法とするものはなく，かえって，本件申告処理は適
法ではないと理解できる記載がなされていた。

　　そして，本件上告審判決の法令解釈は，所得税法の趣旨に照らして所得
税法施行令や所得税基本通達を解釈するものであって，本来あるべき解釈
であったということができる。

　　したがって，本件申告処理を適法とする判断の裁判例があったことは重
視されるべき事情であるとはいえない。

(10)　まとめ

　　上記の説示に加え，甲らは，申告前に，本件申告処理が妥当であるかど
うかについて，税務当局に問い合わせをすることもなく，課税額が少額と
なる本件申告処理を採用して申告したものである（…）。

　　かような事実関係の下においては，真に納税者の責めに帰することので
きない客観的な事情があり，過少申告加算税の趣旨に照らしてもなお納税
者に過少申告加算税を賦課することが不当又は酷になるものとまでは認め
ることができず，「正当な理由があると認められる」場合に該当するとは
いえない。

【監修者紹介】

稲見　誠一（いなみ　せいいち）

デロイト トーマツ税理士法人
テクニカルセンター　シニアアドバイザー
税理士

デロイト トーマツ税理士法人に入社後パートナーとして事業承継部門長，テクニカルセンター長，審理室長，東京事務所長，副理事長を歴任し，2016年12月1日よりテクニカルセンターのシニアアドバイザーとして，税務訴訟研究を通じて教育研修業務に従事している。

[主な著書]

『新版／詳解　グループ通算制度Q&A』（清文社・共著）
『Q&A　事業承継をめぐる非上場株式の評価と相続対策』（清文社・共著）
『制度別逐条解説　企業組織再編の税務』（清文社・共著）
『詳解　連結納税Q&A』（清文社・共著）
『組織再編における株主課税の実務Q&A』（中央経済社・共著）
『「純資産の部」の会計と税務』（清文社・共著）
『私的整理ガイドラインの実務』（金融財政事情研究会・共著）
『ケース別にわかる企業再生の税務』（中央経済社・共著）
『実務詳解　組織再編・資本等取引の税務Q&A』（中央経済社・共著）
『グループ法人税制・連結納税制度における組織再編成の税務詳解』（清文社・共著）

【著者紹介】

梅本　淳久 （うめもと　あつひさ）

デロイト　トーマツ税理士法人
テクニカルセンター　シニアマネジャー
元国税審判官・公認会計士・米国公認会計士。司法書士試験合格

デロイト　トーマツ税理士法人に入社後，税務申告業務，国際税務コンサルティング業務を
経験し，現在は，法令解釈や判例分析に基づく相談業務や教育研修業務などに従事している。
民間専門家として，国税審判官（特定任期付職員）に登用され，審査請求事件の調査・審理
を行った経験を有する。
京都大学理学部卒。

[主な著書]
『税理士のための「事実認定」の実務』（中央経済社）
『詳解　役員給与税務ハンドブック』（中央経済社）
『否認事例・裁判例からみた　消費税　仕入税額控除の実務』（中央経済社・共著）
『国際課税・係争のリスク管理と解決策』（中央経済社・共著）
『[テーマ別実務分析] 最新　法人税の重要判例』（ロギカ書房）
『条文・事例・図表で読み解く　繰越欠損金の税務』（ロギカ書房）
『判例に学ぶ　税法条文の〝実践的〟読み方』（ロギカ書房）
『子会社株式簿価減額特例—国際的な配当をめぐる税務』（ロギカ書房）
『新版【法律・政省令並記】逐条解説　外国子会社合算税制』（ロギカ書房）
『【法律・政省令並記】逐条解説　外国税額控除～グループ通算制度・外国子会社合算税制対
　応～』（ロギカ書房）
『【法律・政省令並記】逐条解説　過大支払利子税制』（ロギカ書房）
『詳解　有利発行課税』（ロギカ書房）
『[処分取消事例] にみる　重加算税の法令解釈と事実認定』（ロギカ書房）
『事例と条文で読み解く　税務のための民法講義』（ロギカ書房）
『新版／詳解　グループ通算制度Q&A』（清文社・共著）
『第10版　Q&A　事業承継をめぐる非上場株式の評価と相続対策』（清文社・共著）
『詳解　タックス・ヘイブン対策税制』（清文社・共著）

[主な寄稿記事]
「外国法を準拠法とする契約に係る税務上の取扱い [1] ～ [3]」月刊国際税務38巻12号～39
　巻2号（国際税務研究会）

デロイト トーマツ税理士法人

デロイト トーマツ税理士法人は，日本最大級のビジネスプロフェッショナル集団「デロイト トーマツ グループ」の一員であると同時に，世界四大会計事務所「デロイト」の一員でもあります。「トーマツ」ブランドが培ってきた信頼と高い専門性に加え，全世界150を超える国・地域で展開する「デロイト」のグローバルネットワークを生かし，プロフェッショナルとしてクライアントのビジネス発展に貢献していきます。

私たちの最大の強みは，デロイト トーマツ グループの総合力です。国内外での豊富な実績を誇る税務サービスだけにとどまらず，監査・保証業務，コンサルティング，ファイナンシャルアドバイザリー，リスクアドバイザリー，法務の領域でもグループ内の連携を図り，組織や専門分野の枠を超えた総合的なサービスを提供しています。特にデロイト トーマツ税理士法人は，日本の大手税理士法人の中でも最大級の国内18都市に拠点を設けており，全国規模で多様化するクライアントのニーズにこたえています。詳細はデロイト トーマツ税理士法人Web サイト（www.deloitte.com/jp/tax）をご覧ください。

税法解釈の作法

2025年3月5日　第1版第1刷発行

監修者	稲　見　誠　一	
著　者	梅　本　淳　久	
発行者	山　本　　　継	
発行所	㈱中　央　経　済　社	
発売元	㈱中央経済グループ パ ブ リ ッ シ ン グ	

〒101-0051　東京都千代田区神田神保町1-35
電話　03 (3293) 3371 (編集代表)
03 (3293) 3381 (営業代表)
https://www.chuokeizai.co.jp
印刷／三英グラフィック・アーツ㈱
製本／㈲井 上 製 本 所

© 2025
Printed in Japan

＊頁の「欠落」や「順序違い」などがありましたらお取り替えいたしますので発売元までご送付ください。（送料小社負担）
ISBN978-4-502-52411-0　C3034
JCOPY〈出版者著作権管理機構委託出版物〉本書を無断で複写複製（コピー）することは，著作権法上の例外を除き，禁じられています。本書をコピーされる場合は事前に出版者著作権管理機構（JCOPY）の許諾を受けてください。
JCOPY〈https://www.jcopy.or.jp　e メール：info@jcopy.or.jp〉